Sven Reinecke, Christian Belz, Michael Reinhold,
Christian Schmitz, Marcus Schögel, Dirk Zupancic

Einfluss des Marketing

Löwen brauchen nicht zu brüllen

Eine gemeinsame Publikation des Instituts für Marketing an der Universität St.Gallen und von Swiss Marketing (SMC).

Die Deutsche Bibliothek –
CIP-Einheitsaufnahme

Sven Reinecke, Christian Belz,
Michael Reinhold, Christian Schmitz,
Marcus Schögel, Dirk Zupancic
Einfluss des Marketing
St.Gallen: Institut für Marketing
der Universität St.Gallen und
Swiss Marketing (SMC) 2011
ISBN 978-3-905819-18-2

Bibliografische Information der
Deutschen Bibliothek:
Die Deutsche Bibliothek verzeichnet
diese Publikation in der Deutschen
Nationalbibliografie; detaillierte
bibliografische Daten sind im Internet
über http://dnb.ddb.de abrufbar.

© 2011 bei den Autoren und dem
Institut für Marketing an der Universität St.Gallen, Dufourstrasse 40a,
CH-9000 St.Gallen, www.ifm.unisg.ch

Alle Rechte, insbesondere das Recht
der Vervielfältigung sowie der Übersetzung, vorbehalten. Kein Teil des
Werkes darf in irgendeiner Form
(durch Fotokopie, Mikrofilm oder ein
anderes Verfahren) ohne schriftliche
Genehmigung des Autors reproduziert
oder unter Verwendung elektronischer
Systeme gespeichert, verarbeitet,
vervielfältigt oder verbreitet werden.

Gestaltung: Karin Halder Walker,
Institut für Marketing an der
Universität St.Gallen, CH-St.Gallen
Druck: dfmedia, CH-Flawil

Bilder: Die Bilder der Löwen verwenden wir als Analogie. Ist die Spezies
des Marketing ähnlich bedroht? Wie
gelingt es, die Kraft dieser Spezies
erfolgreich zu nutzen? Hoffentlich
erfreuen sie das Auge der Leserinnen
und Leser.
Copyright aller Fotos:
Fischer/allvisions

Dank: Herzlich danken wir Swiss
Marketing (SMC) für die massgebliche
Förderung dieser Publikation. Auch
den Mitwirkenden an der Umfrage
zum Einfluss des Marketing danken
wir für die wertvolle Beteiligung.

Institut für Marketing

Universität St.Gallen

Inhalt

Gemeinsames Engagement für mehr Einfluss des Marketing	8
Marketing muss sich nicht nur besser positionieren, sondern mehr leisten!	10

Analyse und Diagnose

1. **Marketing in der Defensive** — 15
2. **Chancen im Marketing – Top Ten für die Zukunft:** Was sind die 10 wichtigsten Themen für die Entwicklung des Marketing? — 23
3. **Limits of Marketing – Die 7 grössten Marketingfehler:** Was sind die 7 wichtigsten Fehler und damit Potenziale des Marketing? — 31
4. **Marketing zwischen kleinem 'm' und grossem 'M':** Wie bewegt sich Marketing zwischen Gesamtanspruch und erfüllten Funktionen? Was ist Marketing? Lässt sich die Aufgabe des Marketing für verschiedene Unternehmen und Märkte klären? Wie bewerten Praktiker die Position und den Einfluss des Marketing (eine Befragungsauswertung)? — 47
5. **C-Level mit oder ohne Marketing:** Welche Stellung haben Marketing und Verkauf auf der Führungsebene von börsennotierten Unternehmen? — 58

Strategische Handlungsfelder

6. **Auf dem Weg zum kundenzentrierten Unternehmen:** Rückbesinnung auf die Kerntugenden – wie bestimmen wir die Customer Centric Company der 2. Generation? — 67
7. **Marketing zwischen Identifikationswelt und Handlungswelt:** Wie lässt sich das reale Marketing auf reales Kundenverhalten stützen? — 76
8. **Social Media – Probieren geht über Studieren!** Ändern sich die Spielregeln im Marketing? — 89
9. **Marketing goes Wallstreet:** Wie kann Marketing auf das vermeintliche Diktat von Börse und Financial Community eingehen? Lässt sich der Return on Marketing realisieren und belegen? — 98
10. **'Hypes' und Innovationen im Marketing:** Wie muss sich Marketing zwischen Zukunftsdiskussion und erfolgreicher Innovation bewegen? — 108
11. **Spannung zwischen Marketing und Vertrieb:** Lässt sich wirksames Marketing als Vertriebsunterstützung interpretieren? — 116

Marketingrealisierung

12. **Marketingorganisation und -spezialisierung:** Wie wird Marketing im Unternehmen verankert? Wie wird Marketing spezialisiert? — 133

13. **Marketing und Technik:** Was behindert und beflügelt die Kommunikation zwischen Marketing und Technik?		139
14. **Qualifikation der Marketingleute für Morgen:** Wie sind Marketingleute für die Zukunft qualifiziert? Wie sollen sie sich entwickeln?		151
15. **Marketing nach innen:** Wie lässt sich besser umsetzen? Braucht es mehr Marketing für das Marketing?		160
16. **Erfolgreiche Marketingarbeit:** Wie realisiert Marketing die richtigen Initiativen?		167

Fazit

17. **Konzept – Marketing für das Marketing:** Mit welchen Grundprinzipien trägt Marketing wirksam zum Erfolg von Unternehmen bei?		176
Anhang: Autorenprofile, Das Institut für Marketing, Seminare des Instituts für Marketing, Marketing und Vertrieb in einer neuen Welt, Die Nr. 1 für Profis – Swiss Marketing (SMC)		182

Verzeichnis der Abbildungen

4.1:	Organisationale Eingliederung des Marketing in die Unternehmensorganisation	51
4.2:	Einfluss des Marketing und anderer Abteilungen auf verschiedene Entscheidungsfelder	52
4.3:	Erfolgsnachweis des Marketing	54
4.4:	Fähigkeit den Erfolg einzelner Marketingaktivitäten zu messen	54
4.5:	Gesamteinfluss des Marketing im Unternehmen	55
4.6:	Strategien und Massnahmen zur Gewinnung von Einfluss	56
5.1:	Stellung von Marketing und Verkauf auf der Vorstandsebene börsennotierter Unternehmen	60
6.1:	Vergleich der kumulierten Einnahmen von Unternehmen	68
6.2:	Relevante Dimensionen für den Aufbau eines kundenzentrierten Unternehmens	71
6.3:	Ansätze für Customer-Centricity-Projekte	71
6.4:	Der Weg von IBM zum IT-Dienstleister	72
6.5:	Top-down- und Bottom-up-Ansätze	73

7.1:	Drei Bedingungen für das Marketing	77
7.2:	Identifikations- und Handlungswelt am Beispiel Philips	79
7.3:	Drei Folgerungen für das Marketing	81
7.4:	Substanz in der Kommunikation	82
7.5:	Logiken für Gesamtunternehmen und Marketing	84
8.1:	Ansätze für das interaktive Marketing und den Umgang mit Social Media-Plattformen	90
8.2:	Beurteilung der Wirkung unterschiedlicher Ansätze im interaktiven Marketing	93
9.1:	Kommunikation – Steigende Anzahl von Sendern und Empfängern	101
10.1:	Das Modell des Hype Cycles der Gartner Group am Beispiel von Geschäftsmodellen im Internet	110
10.2:	Rapid Prototyping für Marketing-Innovationen	112
10.3:	Innovationshöhe und Eingriffstiefe von Marketing-Innovationen	113
12.1:	Ansätze der Verbindung von getrennten Marketingaktivitäten	136
14.1:	Der pfiffige Kommunikator	152
14.2:	Universitätsschnösel	154
14.3:	Sozial orientierte Experten	155
14.4:	Der Marketingklassiker	157
15.1:	Thesen zur Marketingrealisierung	163
15.2:	Management in Lehrbuch und Realität	165

Gemeinsames Engagement für mehr Einfluss des Marketing

© Fischer/allvisions

'Es ist wichtiger einen Markt zu haben, als eine Fabrik' (Peter Drucker).

'Im Unternehmen gibt es zwei entscheidende Funktionen: Marketing und Innovation. Marketing und Innovation produzieren Ergebnisse, der Rest sind Kosten' (Peter Drucker).

'And further because the marketers have done a pretty good job of avoiding any responsibility for delivering results, they have lost their position at the table of serious business people' (Zyman, Sergio: The end of Marketing as we know it, New York: Harper 1999).

Prägt Marketing das Geschehen in Unternehmen nachhaltig? Es gibt sehr positive, aber auch sehr kritische Stimmen.

Einerseits ist der Einfluss des Marketing unbestritten, weil Maximen wie Markt- und Kundenorientierung verbreitet sind. Natürlich entscheiden Märkte und Kunden über das Wohlergehen eines Unternehmens. Das ist beinahe ein Allgemeinplatz.

Andererseits erbringen auch viele Nichtmarketers wichtige Leistungen für Kunden: Etwa die Technik, die Logistik oder die Geschäftsführung. So meinte beispielsweise Helmut Maucher (der ehemalige CEO von Nestlé), dass Marketing zu wichtig sei, um es an die Marketingabteilung zu delegieren. Marketing ist Chefsache. Zudem werden bedeutende Funktionen für Kunden, wie Produktmanagement, Kundendienst oder Vertrieb, oft vom Marketing getrennt geführt.

Es stellt sich deshalb die kritische Frage: Welche wichtigen Aufgaben verbleiben in den Spezialabteilungen des Marketing? Werden diese Aufgaben mit Abteilungen, Personen und finanziellen Mitteln aus- oder abgebaut? Wie muss Marketing vorgehen, um seine Bedeutung aufzubauen, zu erhalten oder zu erweitern?

Für die Disziplin des Marketing und alle engagierten Menschen in diesem Bereich sind die Antworten auf diese Fragen entscheidend.

Folgerichtig wollen das Institut für Marketing und Swiss Marketing, als grösster Marketingverband der Schweiz, diese Herausforderungen gemeinsam angehen. Das Thema wird auch in der grössten schweizerischen Marketingveranstaltung von Swiss Marketing in Luzern 2011 aufgegriffen.

Die Hinweise sind nicht einfach, es gibt keinen Stellhebel für mehr Marketingeinfluss, der sich einfach umlegen lässt. Diese Herausforderung an alle Beteiligten macht aber die Zukunft des Marketing faszinierend. Vorausgesetzt, wir bewegen uns.

St.Gallen und Olten, Februar 2011

Prof. Dr. Christian Belz
Geschäftsführer des
Instituts für Marketing an
der Universität St.Gallen

Uwe Tännler
Präsident Swiss Marketing

Marketing muss sich nicht nur besser positionieren, sondern mehr leisten!

Zu mehr Einfluss des Controlling oder der Technik braucht es kaum Veröffentlichungen.

Der Titel des Buches zeigt bereits die Herausforderung: Der Einfluss des Marketing ist nicht unbestritten und müsste zumindest aus dem Blickwinkel der Marketingleute stärker sein. Wird die Disziplin unterschätzt, oder vermarktet sie sich selbst zu wenig – ähnlich wie der Maler, der seine eigene Hausfassade schon längst hätte erneuern sollen? Um die Analogie fortzusetzen: Ein neuer Anstrich genügt nicht.

Es nützt nichts, über den ungenügenden Einfluss des Marketing zu lamentieren oder sich gar zu bedauern. Marketing muss einfach mehr leisten und mehr können. Dann darf es auch wieder mehr und prägt den Unternehmenserfolg. Erst damit lassen sich Anspruch und Wirklichkeit des Marketing decken.

© Fischer/allvisions

Löwen brauchen nicht zu brüllen. Deshalb die schöne Bilderwelt in diesem Buch.

Möglicherweise hat sich das Marketing zu stark damit befasst, mit dem Top-Management und den Managementkollegen auf Augenhöhe zu verhandeln und bewegt sich nicht mehr auf Augenhöhe mit den Kunden.

Die richtige Positionierung des Marketing ist nicht nur ein Problem des Marketing. Es ist ebenso Herausforderung für Top-Management, Technik und Vertrieb: Vorausgesetzt sie haben den Erfolg des Unternehmens im Blick.

Dieses Buch hat das Führungsteam des Instituts für Marketing an der Universität St.Gallen gemeinsam verfasst.[1] Manchmal spürt der Leser die unterschiedliche Feder und verschiedene Gewichte, obschon wir mehrere Feedbackrunden durchliefen und uns gegenseitig ergänzten. Ein solches Buch zeigt auch: Es macht uns Spass zusammen zu wirken. Alle Beteiligten sind vom Marketing begeistert. Gerade deshalb befassen wir uns kritisch mit der eigenen Disziplin.

[1] siehe dazu auch das Buch: Belz, Ch./Reinecke, S./Reinhold, M./ Schmitz, Ch./Schögel, M./ Zupancic, D. (2010): Marketing in einer neuen Welt, St.Gallen: Thexis und Swiss Marketing.

Herzlich danken wir Swiss Marketing, dass wir unsere engere Zusammenarbeit auch mit diesem Buch fortsetzen können. Im Rahmen des Swiss Marketing Panel beteiligten sich zahlreiche Mitglieder auch an unserer Befragung. Die Ergebnisse sind wertvoll, und wir danken für die kostbare Zeit der Teilnehmenden.

Wir freuen uns, wenn die Ausführungen für den Leser nützlich und vor allem anregend und herausfordernd sind. Herzlichen Dank für Ihre Rückmeldung.

St.Gallen, im Februar 2011

Sven Reinecke (sven.reinecke@unisg.ch)
Christian Belz (christian.belz@unisg.ch)
Michael Reinhold (michael.reinhold@unisg.ch)
Christian Schmitz (christian.schmitz@unisg.ch)
Marcus Schögel (marcus.schoegel@unisg.ch)
Dirk Zupancic (dirk.zupancic@unisg.ch)

Analyse und Diagnose

1. **Marketing in der Defensive**

2. **Chancen im Marketing – Top Ten für die Zukunft:**
   Was sind die 10 wichtigsten Themen für die Entwicklung des Marketing?

3. **Limits of Marketing – Die 7 grössten Marketingfehler:**
   Was sind die 7 wichtigsten Fehler und damit Potenziale des Marketing?

4. **Marketing zwischen kleinem 'm' und grossem 'M':**
   Wie bewegt sich Marketing zwischen Gesamtanspruch und erfüllten Funktionen? Was ist Marketing? Lässt sich die Aufgabe des Marketing für verschiedene Unternehmen und Märkte klären? Wie bewerten Praktiker die Position und den Einfluss des Marketing (eine Befragungsauswertung)?

5. **C-Level mit oder ohne Marketing:** Welche Stellung haben Marketing und Verkauf auf der Führungsebene von börsennotierten Unternehmen?

1. Marketing in der Defensive

© Fischer/allvisions

Marketing steht in Unternehmen unter Druck und die Konstitution ist nicht besonders gut, um die eigene Aufgabe zu verteidigen oder zu erweitern.

Hoffentlich trifft diese scharfe Diagnose nicht auf alle Unternehmen zu. Es ist aber besser, die Situation streng zu beurteilen. Sollte die Situation weniger schlimm sein, umso besser (siehe zu diesem Abschnitt Belz 2009, S. 54 ff.).

'Die Lage ist ausweglos, aber nicht ernst' (Woody Allen).

Marketing unter Druck

Warum ist Marketing in der Defensive? Zusammengefasst sind die Zeiten für die klassischen Marketingthemen von Positionierung, Marke, Image, Segmentierung oder Werbung schwierig geworden. Folgende Aspekte spielen eine Rolle, wobei sie zusammen wirken:

1. **Erfolgsdruck:** Auch ohne Krise oder Not setzen sich Unternehmen unter starken Erfolgsdruck. Starke Kostensenkungen sind ein permanentes Thema. Die Ressourcen und Gelder werden verlagert.

   Zersplitterung heisst ein Schlüsselwort.

   Die zunehmende Forderung nach rascher Wirkung und klaren Erfolgsausweisen läuft der eigenen Interpretation des Marketing entgegen. So wurden und werden die Budgets bei Markenkommunikation und klassischer Werbung gekürzt, einem wichtigen Teilbereich des Marketing. Massnahmen nahe an der Interaktion mit Kunden gewinnen (Belz et al. 2009, S. 27). Die engen Personalressourcen und breiten Aufgaben des Marketing führen dazu, dass sich oft nur die minimalen Aktivitäten in den vielfältigen Schauplätzen einsetzen lassen. Manche Initiativen bewegen sich unterhalb der Wirkungsschwelle und verpuffen. Zu knappe Mittel verunmöglichen es, den erwarteten Erfolg zu erzielen und auszuweisen.

   Die Treiber vieler Unternehmen sind zudem weniger darauf fokussiert, die Leistung für Kunden zu verbessern, als darauf, Kosten zu senken, Produktinnovationen zu entwickeln oder Unternehmen zu übernehmen. Marketing spielt eine Rolle, wird aber zum Dienstleister für neue Unternehmensstrategien und sitzt nicht im Fahrersitz.

2. **Druck durch das Controlling:** Der Erfolgsdruck mündet in ein Primat des Controlling. Das Zusammenspiel von Umsätzen und Kosten orientiert sich konsequent am Ertrag. In den Gremien werden mehr und mehr der Per-

'Das Schwerste ist: Sich nicht zu rechtfertigen' (Friedrich Dürrenmatt).

sonalabbau und Senkungen der Marketingkosten erörtert und die Umsatzprognosen besonders vorsichtig behandelt. Flankiert wird der Druck durch das Controlling mit den rigorosen Prozessen für Planung, Budgetierung und Reporting sowie all den Zusatzanforderungen von Zertifizierungen, belegten Prozessen bis Corporate Governance und Compliance. Viele Marketingverantwortliche fühlen sich im Bann der Zahlen und Formalismen nicht besonders wohl. Quantität verdrängt Qualität. Kontrolle wird stärker forciert als die Zielklärung.

Manchmal wehrt sich Marketing tapfer und versucht mindestens die eigenen Leistungen besser zu begründen. So werden sinkende Rückläufe von Direct Mails mit dem Hinweis auf Imagewirkungen aufgewertet: Zwar reagieren nur 5 %, den restlichen 95 % der Empfänger wird aber auch etwas kommuniziert (wenn das auch zahlreiche Kunden verärgern kann). Oder die steigenden Kosten für die Kundengewinnung werden auf den Customer Life Time Value umgelegt. Solche Argumente sind defensiv und wenig wirksam. Leicht entsteht der Eindruck, dass mangelnde Ergebnisse nur schön geredet werden.

3. **Zeitdruck:** Das Diktat der Quartalsergebnisse ist gnadenlos. Manche Unternehmen stützen sich mehr und mehr auf Tageszahlen. Kurzfristige Verbesserungen der Ergebnisse sind im Fokus. Druck und Optimierung verdrängen Aufbau und Innovation im Marketing und widersprechen den langfristig angestrebten Positionierungen und Programmen. Der verkürzte Zeithorizont fördert mechanische Lösungen und bewirkt schädlichen Stress in ganzen Unternehmen. Dynamik schlägt um in Hektik. Kreative Aktionitis verhindert eine effiziente Marktbearbeitung.

Allerdings brauchen wir auch ein unverkrampfteres Verhältnis zur Kurzfristigkeit: Wir haben nur die Option im Jetzt zu handeln. Was heute nicht beginnt, kann morgen keine Früchte tragen. Kernfrage ist lediglich, ob heutige Handlungen die Zukunftserfolge schmälern. Der Markt und Kunde honoriert dabei die Konsequenz von Anbietern weniger als früher, denn rasche Korrekturen sind längst normal.

4. **Druck durch den Vertrieb:** Umsatz und Kosten stehen im Vordergrund. Die Beiträge des Vertriebs sind unbestritten. Bei Absatzengpässen werden eher Ressourcen

des Vertriebs als des Marketing erweitert. In seiner starken Position setzt der Vertrieb das Marketing unter Druck: meistens nicht durch klare Forderungen oder Ideen für Lösungen, sondern eher durch Nichtbeachtung, Sarkasmus bis Ablehnung. Typisch etwa: Marketing bewegt sich in den Wolken; Marketing verliert den Kundenkontakt; die Leads aus den CRM-Kampagnen sind Schrott oder beim Kunden brauche ich mehr Zeit, um die letzten Aussagen von Kampagnen richtig zu stellen.

> Marketing hat keine Zukunft für sich selbst.

5. **Ungenügendes Marketingverständnis:** Marketing wird durch die Gruppen Technik, Controlling und Vertrieb oft ungenügend verstanden, akzeptiert und unterstützt. Marketing versuchte sich in manchen Unternehmen damit zu positionieren, dass es erklärte, was Marketing nicht ist: Marketing ist nicht umsatzorientiert. Marketing will sich nicht nur auf Aktionen konzentrieren. Marketing ist nicht Kundendienst. Marketing ist nicht Vertrieb. Marketing ist nicht einfach Support mit Dokumentationen und Messen oder Werbung. Was bleibt ist etwas Strategisches, Übergreifendes, Grundsätzliches; aber Diffuses. Was bleibt ist auch die Markenführung. Die Abgrenzung führt zur Isolation – und weil das Grosse aber Ungewisse intern wenig überzeugt, wird Marketing auch oft in eine Hilfsfunktion abgedrängt. Beispielsweise ordnen manche Unternehmen inzwischen dem Marketing die Funktion der Vertriebsunterstützung zu. Manche Marketingleute wehren sich, nur wäre das auch eine Chance. Wie Marketing die Verbindungen zu Vertrieb und Technik herstellt, bestimmt nämlich seine Position.

6. **Druck durch Vielfalt:** Die Vielfalt von Begriffen, Instrumenten und Kanälen des Marketing wächst rasant. Einerseits bedrängen immer neue Möglichkeiten des Marketing (oft getrieben durch technologische Möglichkeiten) die Verantwortlichen. Andererseits verdrängt Oberflächlichkeit den Tiefgang. Flankiert wird die äussere durch die innere Vielfalt von Unternehmen: Breitere Sortimente, mehr und verschiedene Kunden, mehr Märkte, mehr Kanäle.

7. **Druck im Markt und durch Kunden:** Der Wettbewerb ist intensiv und unterliegt ebenso dem beschriebenen Druck. Marketing verlagert sich zu scheinbar fassbaren Argumenten: Preis, Produktmerkmale, Sonderaktionen. Destruktives Marketing ist die Folge – Unternehmen verschärfen laufend die Probleme im Markt, die sie gleichzeitig lauthals beklagen.

Marktbearbeitung bewegt sich am Limit: Zu viel Einsatz – zu wenig Wirkung.

Vertrieb unter Druck

Auch im Vertrieb lässt sich ein zunehmender Druck ausmachen, der wieder auf das Marketing zurück wirkt:

- **Kunden setzen Verkäufer unter Druck.** Besonders attraktive Grosskunden sind meist selbst hoch spezialisiert und beschaffen trotz ihrer Bemühungen für ein zentrales 'Supply Management' in verschiedenen Sparten und vielfältig zusammengesetzten 'Buying Centers'. Dadurch begrenzen sie beispielsweise die Chancen für Lösungen und 'Cross Selling', weil ihre Beschaffungsstrukturen nicht den angestrebten integrierten Angeboten der Lieferanten entsprechen. Allenfalls nutzen Kunden die zusammengezählten Umsätze ihrer Konzerne, um den Preisdruck zu steigern und konzentrieren sich auf Schlüssel-Beschaffungsgüter, bei denen eigene Koordinationsaufwendungen nicht zu hoch ausfallen. Neben den Mengenrabatten erkennen die Kunden oft keinen Vorteil, wenn sie ihre Beschaffung bei Lieferanten bündeln.
Die meisten Kunden können für den grossen Teil ihrer Beschaffung sehr frei zwischen ebenbürtigen Lieferanten wählen und fördern deren Wettbewerb zum eigenen Vorteil. Die wachsende Angebotsvielfalt der Lieferanten überfordert manche Kunden, oder dann sind sie einfach nicht mehr bereit, sich auf die vielen Varianten einzulassen.
Weil Kunden durch viele Lieferanten bedrängt werden, beginnen sie sich abzuschirmen. Sie senken die Zahl und die Zeitvorgabe für Gespräche mit dem Aussendienst. In vorgegebenen 30 Minuten mit dem Verantwortlichen für Beschaffung lassen sich dann aus Sicht von Ein- und Verkauf nur noch gezielte Geschäfte anbahnen.
Zusammengefasst werden die Spielräume für Kontakte des Vertriebs mit Kunden oder die Möglichkeiten für neue Geschäfte begrenzt. Begünstigt wird diese Entwicklung durch enge Spezialisierungen der Beschaffung und ungenügende Vorteile der Bündelung für den Kunden.
Auch sucht der Spezialist des Kunden kein Gespräch mit Generalisten im Verkauf, sondern mit Spezialisten der Technik. Die begrenzte Verantwortlichkeit im Einkauf führt Gespräche über umfassende Lösungen ins Leere, wenn

es nicht gelingt, die hierarchisch übergeordneten Stellen anzusprechen, ohne bisherige Spezialisten zu ärgern, weil sie sich umgangen fühlen.

Argumentieren die Verkäufer erst dann mit ihren Ansätzen des 'Value Selling', wenn sie ihre zu hohen Preise für Offerten rechtfertigen müssen, empfinden die Kunden das Gespräch als Zeitfresser und der Verkauf wird in die Defensive gedrängt.

Die beschriebenen Sichtweisen des Kunden fördern keine umfassende Zusammenarbeit. Ausnahmen finden sich oft nur noch in Nebenschauplätze ihrer Beschaffung.

- **Unternehmen setzen Verkäufer unter Druck.** Die vielfältigen Vorgaben und Aufgaben sind nicht zu bewältigen. Zudem versuchen zahlreiche Sparten, Unternehmenseinheiten und Produktmanager den Verkäufer für ihre Sortimente zu gewinnen.

Verkaufsdruck ist als Thema unmittelbar mit dem Stress von Verkäufern verknüpft. Zwar beeinflusst die objektive Arbeitslast diesen Stress, viel wichtiger ist aber eine empfundene Aussenbestimmung. Verkäufer, die nur noch 'krampfen' und sich zunehmend als Opfer der Kundenansprüche oder von internen Unzulänglichkeiten und Forderungen empfinden, verlieren jede Chance. Neue Spielräume, eigene Gestaltung, Kreativität, Spass und neue Zugänge zum Kunden öffnen wieder neue Möglichkeiten. Die optimierte Verkaufsmaschine zerstört sich selbst.

Marketing und Vertrieb in der Defensive

Der Kampf in Marketing und Vertrieb nimmt laufend zu. Unternehmen reagieren deshalb mit aggressivem Marketing und Druck auf Kunden. Wer härter am Kunden dran bleibt, der macht das Geschäft.

Das Paradox ist Folgendes: Aggressives Marketing erscheint den Verantwortlichen oft besonders aktiv und gestaltend. Grundsätzlich ist es aber defensiv geprägt. Es ist destruktives Marketing, welches die Probleme im Markt laufend mit verstärkt, statt grundsätzlich löst.

Mehr und mehr ist Marketing nur defensiv und durch wachsende Zugeständnisse geprägt. Der interne Druck nach besseren Ergebnissen nimmt zu, mit weniger Leuten soll mehr erreicht werden. Der externe Druck nimmt zu, weil Wettbewerber ebenso aggressiv vorgehen und Kunden mehr fordern oder nicht auf Bemühungen der Anbieter eingehen. Folge ist ein Stress der Mitarbeiter und der Unternehmen mit einer Verkürzung des Zeithorizontes und zunehmender Aussenbestimmung.

Dieser Druck in Unternehmen und Märkten führt interessanterweise oft zu einer Selbstbestimmung der Verantwortlichen am falschen Ort. Sie entwickeln eine Resistenz wider besseres Wissen und nehmen sich Freiheiten am falschen Ort. Spontanität, Hektik und Kreativität sowie falsche, grosse Entscheide geben das Gefühl, selbst zu gestalten. Lernprozesse und Professionalität werden verhindert. Es gibt viele Ersatzhandlungen der Manager, die eigentlich nichts ersetzen. Werbekampagnen gehören wohl oft dazu.

© Fischer/allvisions

Braucht es Marketing-Muskeln?

Fitness des Marketing

Dabei ist die Konstitution des Marketing, um für die eigenen Anliegen zu kämpfen, nicht besonders stark. Das Image des Marketing ist in manchen Unternehmen diffus oder durch Vorurteile geprägt. Meistens ist Marketing nicht im Top-Management verankert. Zudem haben die Handvoll Marketingleute im Vergleich zum Heer von Vertriebsleuten und Technikern oft einen schweren Stand. Da helfen auch externe Dienstleister und Berater wenig, um die Position nachhaltig zu stärken.

Zudem wechseln die Marketingleiter meistens recht rasch, was die Stellung periodisch verschlechtert. Denn Marketing ist in vielen Unternehmen eine Sackgasse für die Karriere. Ein Wechsel in das Top-Management oder zur Verantwortung für Sparten oder Länder ist eher in Ausnahmefällen möglich. Deshalb führt der Karrierepfad zu anderen Unternehmen, vielleicht mit grösseren Marketingbudgets und -abteilungen.

Rückgewinnung der Initiative

Anbietern muss es gelingen, die Initiative zurück zu erobern. Dabei genügt es nicht, sich nur auf den direkten Kontakt zwischen Verkäufer und Einkäufer abzustützen. Es gilt, relevante Themen für Kunden viel früher im Beschaffungsprozess aufzugreifen, verschiedene Bezugsgruppen in Unternehmen zu interessieren und indirekte Gemeinschaften aufzubauen. Offenheit und Umwege wirken oft direkter als die Jagd nach raschen Umsätzen.

Den Druck des Kunden gilt es dabei selektiv aufzunehmen und die Analysen und Lösungen weiter zu führen, als er erwartet. Ausgerechnet der Druck ist damit die Grundlage für die aktive Gestaltung einer Beziehung. Daneben können weitere Themen eine Rolle spielen, die der Kunde bisher nicht erkennt oder zu wenig gewichtet.

> Defensiv sucht Marketing mehr Anerkennung. Offensiv sucht Marketing mehr Zusammenarbeit und neue Leistungen.

Hier liegt unseres Erachtens auch eine Hauptaufgabe jeder Markenführung. Es soll ihr gelingen, dem Kunden die Kompetenz des Unternehmens zu erklären und Beziehungen und Vertrauen vorzubereiten. Nur mit klassischen Kampagnen und Logos lässt sich diese Aufgabe nicht lösen.

Mögliche Ansätze des initiativen 'Premarketing' sind beispielsweise:
- aktive Bearbeitung von Potenzialkunden und Kundenpotenziale im Vertrieb;
- neue Einstiegsformen bei Kunden und Anregungen für neue Lösungen und Erfolge (z.B. Ansatz des 'Total Cost of Ownership');
- Agenda Setting für Kunden mit dominanten Innovationsthemen (Tagungen, Kundenevents und Schulungen), Erörterung relevanter Themen ohne Auftragsdiskussion;
- neue Formen der Kundenintegration (Lead User Konzepte, übertragenes 'Open Source-Development');
- gemeinsam finanzierte Entwicklungsprojekte mit Kunden, Verbindung der Ressourcen von Kunden und Anbieter;
- Vernetzung (z.B. von Top-Management und Technikern bei Kunden);
- Argumentationslinien ergänzend zu Nutzenkatalogen; intelligentes Vorgehen bei Preiserhöhungen;
- Spielräume und Arbeitsfreude für Verkäufer.

Die Initiative wird auch durch die Marketingatmosphäre in Unternehmen geprägt. Die Marketingatmosphäre eines Unternehmens umfasst den Stil der innen- und aussengerichteten Zusammenarbeit. Extreme Pole sind beispielsweise Offenheit, Spontanität, Humor oder anderseits Angst,

Erfolgsdruck, Schlaumeierei, Zugeständnisse, Täuschung, Kleinlichkeit und Fehlersuche. Es ist unschwer festzustellen, welche Merkmale die Initiative fördern.

Grundsätzlich prägen aber wichtige Innovationen die Initiative. Wer verbessert, erneuert und längerfristig aufbaut, hat mehr Freude an der Arbeit und ein Funke der Begeisterung springt auch auf den Kunden und Beeinflusser über.

Zusammenfassend: Es braucht den Wandel von der Defensive zu mehr Initiative und Gestaltung. Es genügt nicht einzustecken. Zwei Schlüsselfragen dazu folgen.

Schlüsselfragen für Entscheider
1. Wo ist Ihr Unternehmen und sein Marketing in der Defensive?
2. Lässt sich die Initiative in Unternehmen und Markt zurück gewinnen?

Empfohlene Quellen
Belz, Ch./Reinecke, S./Reinhold, M./Schmitz, Ch./ Schögel, M./Zupancic, D. (2010): Marketing in einer neuen Welt. St.Gallen: Thexis.
Belz, Ch. (2009): Marketing gegen den Strom. St.Gallen: Thexis und Index.

2. Chancen im Marketing – Top Ten für die Zukunft

© Fischer/allvisions

Research Priorities als strategische Leitlinie für die Marketingforschung

Welche Herausforderungen bestimmen die aktuelle Arbeit in Forschung und Praxis des Marketing? Welche Prioritäten lassen sich erkennen? Was gewinnt an Bedeutung? Folgende Themen bestimmen die Forschungsarbeit des Instituts für Marketing in den kommenden Jahren. Einige Aspekte werden in diesem Buch vertieft, andere streifen wir nur am Rande. Einflussreiches Marketing setzt auf die richtigen Themen.

Ebenso wie Unternehmen muss sich auch die Forschung mit einer zunehmenden Komplexität der Themen und Entwicklungen auseinander setzen. Waren bis vor wenigen Jahren in der Marketingforschung Europas noch Generalisten in der Mehrheit, so zeichnet sich auch in unserem Gebiet eine zunehmende Vielfalt ab, die man oftmals nur als Spezialist bewältigen kann. Vor diesem Hintergrund diskutieren engagierte Praktiker und führende Forscher im Marketing aktuelle Themen und definieren beispielsweise im Rahmen der Research Priorities des Marketing Science Institutes in Cambridge die Schwerpunkte der Marketingforschung für jeweils drei Jahre (Marketing Science Institute 2010).

Die folgenden 'Top-Ten des Marketing' sind eine subjektive Wahl des Führungsteams des Instituts für Marketing an der Universität St.Gallen. Sie spart bewusst bestimmte Standardgebiete der Marketingforschung aus und will gezielt Akzente setzen. Einige der Themen entspringen mehr der Expertise und dem Interesse einer Person, andere wiederum werden in verschiedenen Projekten als Team bearbeitet.
In einigen Bereichen verfügen wir schon über langjähriges Know-how, in anderen setzen wir Schwerpunkte für unsere zukünftige Arbeit. Insgesamt ergibt sich ein Mix, der den Leser anregen soll, sich mit einzelnen Themen vertieft zu beschäftigen. Beispielsweise greifen wir die Themen Marketing-Logik, Customer Centricity oder aber auch Sales Complexity auf und vertiefen sie in dieser Publikation.

1. Marketing Logik

Die Spielformen des Marketing haben sich je nach Branchen und Unternehmensausrichtungen in den letzten Jahren massgeblich vervielfältigt. Neue Technologien, intensive Wettbewerbsbedingungen sowie ein zunehmender Kommunikationswettbewerb sind nur einige Treiber für veränderte Marketingbedingungen. Marketing muss sich zudem in die Logik des Geschäftmodells eines Unternehmens einfügen und geeignete Schwerpunkte für den Umgang mit Leistungen und Kunden setzen.

Die Marketinglogik bezeichnet, wie das Marketingsystem eines Unternehmens funktioniert und wirkt. Sie prägt die Gewichte der Lösungen, die Spielregeln im Unternehmen, die Ressourcen und Fähigkeiten, die Budgetprozesse sowie die angewendeten Erfolgskriterien. Die Erkenntnis: Das Marketing funktioniert bei verschiedenen Anbietern sehr unterschiedlich. Die Marketinglogik beeinflusst stark, welche zusätzlichen Lösungen im Marketing zum Unternehmen passen und bestehende Stärken noch mehr fördern (Belz 2010).

Marken-, Vertriebs- oder CRM-Logiken haben verschiedene Spielregeln.

2. Customer Centricity

Das Postulat 'Customer First' hat den Diskurs im Marketing in der Vergangenheit stark geprägt. Zu recht. Die besondere Bedeutung von Kundenorientierung für den langfristigen Unternehmenserfolg wurde im Rahmen unterschiedlicher Studien immer wieder bestätigt.

Verschiedene Entwicklungen der letzten Jahre haben jedoch die Rahmenbedingung auf dem Weg zum kundenorientierten Unternehmen massgeblich verändert:

- Markt- und Kundenorientierung erfasst immer mehr Bereiche der Unternehmen. Somit rücken die Mitarbeiter in verschiedenen Abteilungen als Adressaten kundenorientierter Ansätze stärker in den Mittelpunkt.
- Kunden übernehmen vielfach wichtige Aufgaben selbst und tragen damit zur Entlastung und Definition von verschiedenen Prozessen einen massgeblichen Beitrag.
- Neue Technologien (z. B. Web 2.0 und Social Media) unterstützen und erlauben heute einen anderen (oftmals wirtschaftlicheren) Zugang und Umgang mit den Kunden.

Shareholder Value entsteht erst durch Customer Value.

So verfolgen Unternehmen heute den Weg zu einem kundenzentrierten Unternehmen konsequenter und zielstrebiger. Dabei steht der Kunde jedoch als Treiber der Wertschöpfung im Unternehmen im Mittelpunkt und wird damit zum zentralen Fokus aller (auch kostenorientierter) Überlegungen. Nicht mehr das Ziel der Kundenzufriedenheit alleine ist bedeutend, sondern die aktive Nutzung aller Kundenpotenziale für die Unternehmensziele.
Weitere Hinweise zum Thema Customer Centricity finden Sie im Kapitel 6 dieses Buches.

3. Financial Literacy im Marketing

Altbekannte Stereotypen müssen überwunden werden.

Marketing muss sich nicht nur intern messen lassen. In einem Zeitalter der zunehmenden Ausrichtung der Unternehmen an finanzwirtschaftlichen Kennzahlen und Investorenmärkten, ist es notwendig auch an dieser Schnittstelle den Markterfolg des Unternehmens zu erklären und in die Sprache der Finanzmärkte zu übersetzen. Marketing- und Finanzführungskräfte verfügen über unterschiedliche Kompetenzen und Präferenzen. Fehlende Kenntnisse können zu falschen Entscheidungen führen. Erst wenn es gelingt, einen Austausch zwischen beiden Welten sicher zu stellen, kann das Marketing seinen Einfluss auch für die Shareholder und die Finacial Community verdeutlichen und seinen spezifischen Beitrag zum Unternehmenswert begründen. Dabei darauf zu hoffen, dass sich die Finanzexperten dem Marketing von sich aus öffnen, erscheint unrealistisch. Wenn es aber der Marketingpraxis gelingt, sich aktiv auf die Denk- und Ausdrucksweisen der Finanzmärkte einzulassen, ist der erste Schritt bereits getan.
Weitere Hinweise zum Thema Financial Literacy finden Sie im Kapitel 9 dieses Buches.

4. Kundenprozesse und –interaktion

Kaufentscheidungen, die vor wenigen Jahren noch in einem strukturierten Prozess abliefen, erweisen sich unter dem Einfluss der Multioptionsgesellschaft, dem Aufkommen neuer Medien und hochentwickelter Leistungen als zunehmend komplex und fragmentiert. Situative Gelegenheiten spielen eine grössere Rolle.

Waren es früher bis zu vier Besuche beim Automobilhändler, bei denen sich der Kunde seiner Kaufentscheidung versicherte, so taucht er heute maximal noch einmal im Showroom auf: zur Vertragsunterzeichnung oder aber, um den Wagen abzuholen. Ähnliches beobachten wir bei weniger fordernden Einkäufen: Die Kunden variieren ihre Beschaffungs- und Einkaufsorte nach eigenen individuellen Präferenzen. Begleitet werden solche Entscheide aber oft mit bis zu 50 selbständigen Zwischenschritten des Kunden.

Kundenprozesse sind zentraler Orientierungspunkt für das Marketing.

Damit gewinnt durch die zunehmende Vielfalt möglicher Kommunikations- und Interaktionswege der Zugang zum Kunden und dessen Begleitung in den verschiedenen Phasen seines Buying Cycles besondere Bedeutung.

Es gilt, im Dialog mit dem Kunden die richtigen Botschaften über die richtigen Medien zu vermitteln. Das neue Marketing ist erfolgswirksam und bewegt sich nicht nur in der anspruchsvollen und ästhetischen Identifikationswelt von Kunden und Führungskräften, sondern in der Handlungswelt des Kunden. Die Handlungswelt stützt sich dabei auf Erkenntnisse des Vertriebs, der Verkaufsförderung, des Direkt- und Telefonmarketing.

Weitere Hinweise zum Thema Kundenprozesse und -interaktion finden Sie im Kapitel 8, zu Social Media und Hinweise zur Indentifikations- und Handlungswelt in Kapitel 7.

5. New Revenue Models

Neue Einnahmequellen helfen das Geschäft nicht nur abzusichern, sondern auch neue Potenziale zu erschliessen.

Neue Medien, zunehmende Dienstleistungsorientierung und gewandelte Branchenbedingungen führen dazu, dass Unternehmen verstärkt nach sicheren Einnahmequellen suchen, die ihnen langfristig zusätzliche Ertragspotenziale sichern. So werden in letzter Zeit neue Zugänge gesucht, um über attraktive Dienstleistungen, innovative Lösungen oder den Einsatz neuer Medien neue Ertragsquellen zu erschliessen. Unternehmen wie Blacksocks, Nespresso, Apple und Hilti zeigen, dass eine innovative Geschäftsdefinition hilft, die langfristige Kundenbindung zu nutzen, um stetige Ertragspotenziale zu festigen.

In einigen Branchen ist die Sicherung der Ertragsquellen von derart überlebenswichtiger Bedeutung, dass ganze Verbände und Unternehmensgruppen versuchen, ihre Geschäftsmodelle neu auszurichten. Fraglich ist dabei jedoch, ob den Kunden auch der entsprechende Mehrwert geboten wird. Nicht jedes Angebot auf dem iPad oder iPhone ist die erhoffte Killer-App, wenn nicht ein echter Mehrwert für den Kunden entsteht.

6. **Mehrwert im Verkauf und Verkaufskomplexität**
Differenzierung in Marketing und in der Organisation überfordert ab einem gewissen Punkt sowohl den Kunden als auch den Verkauf. Der geschickte Umgang mit Verkaufskomplexität ist ein Schlüssel für den Unternehmenserfolg. Aber Vereinfachung ist nicht die einzige Option. Denn Komplexität kann auch Werte für Unternehmen und Kunden schaffen. Durch Differenzierung ist es möglich, sich mit vielfältigen Angeboten in dynamischen Märkten zu bewegen und hohe Umsätze zu realisieren. Es gilt, Lösungen zu entwickeln, um die interne Komplexität für den Verkauf zu reduzieren, ohne wichtige Differenzierungsvorteile einzubüssen. Treiber für Verkaufskomplexität sind beispielsweise Strategieänderungen, Leistungsvielfalt, Kundenvielfalt, differenzierte Regionen, multiple Kanäle, überbordende Vorgaben, komplexe Unternehmensadministration sowie aufwändige Supportsysteme für Verkäufer. Manchen Unternehmen gelingt es ungenügend, ihre Leistungsfähigkeit in die Interaktion mit Kunden zu bringen. Hier liegt ein kraftvoller Stellhebel für mehr Erfolge.

Weitere Hinweise zu Sales Value und -Komplexität finden Sie im Kapitel 11 dieses Buches, insbesondere auch zum Zusammenspiel von Vertrieb und Marketing.

7. **Anreizsysteme in Marketing und Verkauf**
Die Motivation von Führungskräften folgte in den letzten Jahren vielfach einem Muster, welches kaum den nachhaltigen Unternehmenserfolg sicherte. Auch für Marketingfachleute und Executives standen vor allem extrinsische, monetär ausgerichtete Incentives, Anteile und Boni im Mittelpunkt.

Management-Anreizsysteme sind – nicht zuletzt aufgrund der Finanzkrise – stark im Umbruch. Rein börsen- und finanzorientierte Anreizsysteme sind unter Kritik gekommen. Andererseits wird der Verkauf nach wie vor noch sehr stark umsatzgetrieben und somit sehr undifferenziert geführt.

> Nicht selten entscheiden Gremien im Schonraum der Sitzungszimmer: Das macht dann der Verkauf. Sie delegieren 150 Aufgaben, wenn der Verkauf höchstens 100 erfüllen kann und sind dann erstaunt, wenn nur 60 erledigt werden.

© Fischer/allvisions

Kleinkunden = Smart Accounts

'Integrative research across the entire health care chain, including all decision-makers, is largely absent, despite its obvious relevance' (Stefan Stremersch, 2008).

'Die Spitäler müssen noch lernen, dass nicht nur die Patienten, sondern auch die niedergelassenen Ärzte ihre Kunden sind. Die Kundenorientierung ist höchst mangelhaft' (Anonym).

Im Mittelpunkt zukünftiger Ansätze müssen Modelle stehen, mit denen es gelingt, 'intelligente' real- und finanzwirtschaftliche Anreizsysteme für Marketing und Verkauf zu realisieren.

8. Smart Account Management

Kleinkunden sind Smart Accounts: Sie sind clever und nutzen ihre Beschaffungsmöglichkeiten für Produkte und Know-how. Lieferanten sind herausgefordert, sich im Bermudadreieck des Smart Account Managements zu bewegen; zwischen Bearbeitungsaufwand, kleinen Geschäften und vielfältigen Kundenbedürfnissen. Nur wenn Unternehmen für alle wichtigen Kundengruppen professionell vorgehen, stimmt das System. So hilft ein Appell für Key Account Management wenig, wenn Kleinkunden die Ressourcen für sich beanspruchen.

Erfolgreiches Kleinkundenmanagement benötigt professionelle Ansätze. Dies betrifft den Vertrieb, das Marketing und den Service. Nur wenn es gelingt, ein integriertes Konzept zu erstellen und umzusetzen, das sowohl Bedürfnisse als auch Umsatzpotenziale kleiner Kunden berücksichtigt, wird Kleinkundenmanagement profitabel. Vielen Führungskräften sind die Stellhebel eines professionellen Kleinkundenmanagements gar nicht bekannt. Kleinkundenmanagement ist nicht nur ein Vertriebsansatz, sondern eine Möglichkeit, echte Wettbewerbsvorteile zu erzielen (Belz/Schmitz 2008).

9. Health Care goes Marketing

Ein Megatrend des noch jungen Jahrtausends ist die Gesundheit und der bewusste Umgang mit dem eigenen Körper. Was als Wellness-Trend einmal seinen Anfang nahm, ist heute ein Markt, dessen Grenzen vor allem durch die aufkommende 'Aging Society' massgeblich verschoben werden. Zudem wird der Gesundheitsmarkt für Spitäler in der Schweiz in den kommenden Jahren liberalisiert. Betroffen sind aber ebenso Pharma, Ernährung, Medizinaltechnik, Versicherungen usw.

Die Unternehmen des Gesundheitssektors müssen sich auf die Veränderungen einstellen und von einem mündigen Bürger ausgehen, der in einem kommenden Käufermarkt zwischen verschiedenen Angeboten seine subjektiv richtige Wahl treffen kann. Während Privatklinikgruppen bereits heute rund 50 Marketingmitarbeiter beschäftigen, verfügen grosse Universitäts- und Kantonsspitäler häufig nicht über ein ausgebautes Marketing. Inzwischen wird erkannt, dass der Nachholbedarf in diesem Bereich enorm ist.

Healthcare Marketing ist Neuland für das Marketing. Die Chancen sind gross, für Kunden und Unternehmen richtige Akzente in der Marktausrichtung zu setzen.

10. Nachhaltiges Marketing

Nachhaltiges Marketing integriert ökologische, soziale und wirtschaftliche Ziele. Es orientiert sich am Kundenvorteil und den Vorteilen weiterer Anspruchsgruppen des Unternehmens sowie am wirtschaftlichen Erfolg und ist sparsam.

'Grüner wird's nicht!'

Zum heutigen Zeitpunkt hat die Debatte um nachhaltige Unternehmenskonzepte die Mitte unserer Gesellschaft erreicht. Waren es früher einzelne Teilmärkte, in denen sich ökologische Vorteile nutzen liessen, so sind es heute nachhaltige Angebote, die Märkte definieren. Nicht zuletzt die Diskussion um die 'Zielgruppe' der LOHAS zeigt, wie intensiv sich Unternehmen mit der Thematik auseinandersetzen (Belz 2009).

Zugleich besteht diesbezüglich die Gefahr, ein zentrales Thema unserer Zeit nur als Trend zu verstehen und damit zu 'verheizen'. Gelingt es dem Marketing nicht, einen echten Beitrag zu Nachhaltigkeitskonzepten zu leisten, dann betreiben Unternehmen nur ein 'Greenwashing'.

'Grüne Kunden streben nach Erhöhung der Lebensqualität' (Andreas Giger 2008).

Schlüsselfragen für Entscheider

1. Welche Top-Themen definieren Sie für Ihr Unternehmen?
2. Wie können diese Top-Themen dazu genutzt werden, den Einfluss des Marketing zu stärken?

Empfohlene Quellen

Belz, Ch. (2010): Auf der Suche nach der richtigen Marketinglogik, in: Marketing Review St.Gallen, Nr. 6, S. 7-17.

Belz, Ch./Schmitz, Ch. (2008): Smart Account Management im Business-to-Business-Marketing: Erfolg mit kleinen Geschäften. St.Gallen: Thexis.

Belz, F. M. (2009): Sustainability Marketing: A Global Perspective. Chichester: Wiley.

Marketing Science Institute (Hrsg): Research Priorities 2010-2012, Cambridge, MA.

3. Limits of Marketing – Die 7 grössten Marketingfehler

© Fischer/allvisions

Der häufig beklagte niedrige Einfluss des Marketing in Unternehmen ist zum Teil selbstverschuldet. Welches sind die schwerwiegendsten Fehler im Marketing-Management, die sich in der Realität häufig beobachten lassen? Welche Schwierigkeiten offenbaren sich immer wieder bei der Umsetzung von Marketingmassnahmen? Wo liegen somit die grössten Potenziale und Stellhebel für den Marketingerfolg?

Ausgangslage und Situationsanalyse

Nachträgliche Zielkorrekturen verdecken manche Misserfolge.

Erfolg ist relativ – er lässt sich immer nur anhand der ursprünglich gesetzten Ziele überprüfen. Das gilt selbstverständlich auch für das Marketing: Ob eine Marketingmassnahme wie eine spezifische Werbekampagne ein Erfolg gewesen ist, kann man nur beurteilen, wenn man die damit verfolgten Ziele kennt (beispielsweise das Werbebriefing). Da aber die Marketingziele selten offenbart werden, lassen sich echte 'Marketingfehler' in den meisten Fällen zumindest aus unternehmensexterner Perspektive auch nicht eindeutig identifizieren.

Dennoch sind in der Marketingrealität immer wieder Verhaltensweisen zu finden, die die Wahrscheinlichkeit einer betriebswirtschaftlich erfolgreichen marktorientierten Unternehmensführung zumindest beeinträchtigen. Nachfolgend werden aufgrund der Markterfahrung zahlreicher Führungskräfte aus der Wirtschaft sieben zentrale Marketingfehler herausgearbeitet, die es zu vermeiden gilt.

Marketingfehler Nr. 1: Marketingarroganz – Marketing als von der Wertschöpfung entkoppelter Selbstzweck

Während in den 50er- und 60er-Jahren des letzten Jahrhunderts der betriebswirtschaftliche Engpass tendenziell bei der Produktion lag, hat sich dies zumindest seit den 80er-Jahren deutlich verschoben. In Käufermärkten ist der Engpass in der Regel die (potenzielle) Kaufkraft und das Engagement der Konsumenten und somit der Absatzmarkt. Daher wird seither vom 'Primat des Absatzes' oder von Marketing als unternehmerischem Führungsprinzip gesprochen.

Damit war allerdings niemals gemeint, dass Marketing wichtiger als andere betriebswirtschaftliche Funktionen sei. Erst recht sollte mit diesem Führungsgrundsatz nicht der Boden für Arroganz und Überheblichkeit des Marketing geebnet werden, der den wirtschaftlichen Beitrag anderer Funktionsbereiche ignoriert. Die Kernidee einer marktgerechten und marktgerichteten Unternehmensführung besteht darin, die betriebswirtschaftliche Wertschöpfung auf die Kundenbedürfnisse auszurichten. Nicht selten lässt sich aber heute das Gegenteil konstatieren, nämlich eine Entkoppelung von Marketing und betriebswirtschaftlichem Mehrwert.

Dr. Johann Oswald, Mitglied des Vorstands der Allianz Elementar Versicherungs-AG, Wien: 'Der grösste Fehler ist die Entkoppelung von Marketing und Wertschöpfung.'
Dr. Thomas Hefti, Director Global Marketing Celgene GmbH, Zürich: 'Häufig wird es unterlassen, die Marketingsicht in die kritischen Unternehmensentscheide einzubeziehen (z. B. F & E, Lifecycle Management). Marketing wird somit zum Selbstzweck betrieben.'
Andreas Stuker, Chief Operating Officer SAP (Schweiz) AG, Regensdorf: 'Marketingorganisationen versuchen oft fehlende oder unklar formulierte Business Strategien in ihrer eigenen Planung zu kompensieren – selten aber mit Erfolg.'
Siegfried Gaensslen, Vorstandsvorsitzender Hansgrohe AG, Schiltach: 'Der grösste Marketingfehler ist häufig die mangelnde Zielorientierung vieler Marketingkonzepte am langfristigen Markenaufbau und kurzfristigen Verkaufserfolg. Folge ist oftmals, dass Marketingpläne zu wenig fokussiert sind, die Budgets kleinteilig und ineffizient eingesetzt werden und Marketingprozesse intransparent sind.'

Marketing braucht professionelle Betriebswirtschafter.

Marketing erfordert somit zwingend ein umfassendes Verständnis für die betriebswirtschaftlichen Gesamtzusammenhänge – und auch die Erkenntnis, dass nicht in jeder Situation der Markt der Engpass und somit der Ausgangspunkt der Unternehmensplanung sein kann (beispielsweise in finanzwirtschaftlichen oder technologischen Krisensituationen).

Umsatz(wachstum) und Unternehmensgrösse dürfen sich auch nicht zum Selbstzweck des Marketing entwickeln. Im Gegenteil: Wachstum um des Wachstums Willen kann sogar den Blick auf das Kundenbedürfnis verstellen.

Bewirken grössere Unternehmen auch mehr Vorteile für Kunden?

Dr. Joachim Ott, Vorsitzender der Geschäftsführung der Bilfinger Berger Facility Services GmbH, Neu-Isenburg: 'Es gibt Unternehmensdarstellungen, die sind berauscht von der eigenen Grösse und Bedeutung. Selbst wenn diese Darstellungen zutreffen, ist das die falsche Perspektive. Wir reden deshalb nur von unserer Grösse, wenn diese dem Kunden einen Vorteil verschafft. Unser Marketing ist immer aus der Perspektive der Kunden gedacht. Denn das ist die Sicht, die zählt.'

Armin Brun, Leiter Markt und Vertrieb, Die Schweizerische Post - PostFinance, Bern: 'Häufig vergessen die Mitarbeiter im Marketing, dass am Anfang jeder Überlegung des Kundenbedürfnis stehen muss. Dies gilt es in den strategischen wie auch in den operativen Fragen immer wieder zu bedenken.'

Prof. Dr. Holger Lütters, Hochschule für Technik und Wirtschaft, Berlin: 'Marketingmanager sind Menschen, die sich 365 Tage im Jahr Gedanken über die eigenen Produkte machen und irgendwann nicht mehr verstehen können, dass andere Menschen dies nicht rund um die Uhr tun (wollen). Der Involvement-Gap zwischen Anbietern und Nachfragern ist für sehr viele Marketingfehler verantwortlich.'

Besonders problematisch wird es, wenn allein die Marke und nicht die Kunden zum Kristallisationspunkt des Marketing wird. Die Formel 'Grösse = Megamarke = Macht' ist gefährlich, insbesondere wenn der Kunde sich nicht mehr darüber klar ist, für welche Kompetenz eine Marke tatsächlich steht.

Unspezifische Megamarken verlieren die Anbindung an Kunden.

Steffen Hahn, Business Leader HealthCare & FemCare, Procter & Gamble Nordics, Stockholm: 'Der primäre Fokus des Marketing hat sich fälschlicherweise von extern orientierten Effektivitäts- zu intern orientierten Effizienzgewinnen gewandelt. Nach disziplinierter Markenportfolioreduktion vor fünf Jahren sind Corporate Brand Endorsements und Megabrandstrategien 'en vogue', wie die Beispiele von Henkel, Unilever, und Procter & Gamble belegen. Das steigert vielleicht die Unternehmensbekanntheit bei Analysten und Hochschulabsolventen, aber der ohnehin überforderte Konsument kann aus einer plötzlich Kategorie übergreifenden Megamarke selten Sinn machen. Nivea dient Marketingmanagern als Visionsvorbild, der jahrzehntelange Entwicklungsprozess

dorthin wird aber ignoriert. Die nächste Marketingmode wird kommen, und sie wird wahrscheinlich das Ziel haben, dem Marketing seine Konsumentenempathie zurückzugeben.'
Marion Walther, Leitung Marketing & Kommunikation, Bilfinger Berger Facility Services GmbH, Neu-Isenburg:
'Einer der prägnantesten, recht häufigen Marketing-Fehler ist die Verwässerung einer erfolgreichen Marke. Getrieben von Kunden oder vom Wettbewerb lassen sich Unternehmen dazu verleiten, aus einem klar umrissenen Produkt- oder Dienstleistungskonzept einen Bauchladen zu entwickeln. Sie konterkarieren damit die beiden wichtigsten Elemente einer erfolgreichen Kundenbeziehung: Klarheit und Verlässlichkeit.'
Lars Fahrenbach, Sales Central and Eastern Europe, Continental Reifen Deutschland GmbH: 'We continuously underestimate the difficulty in getting a clear picture on the capability of Marketing (and Sales) to service a customer especially in a changing customer context.'

Marketingpreise haben oft wenig mit Erfolg zu tun.

Markenführung und Marketing erwecken zum Teil den Eindruck, dass sie sich zu einer Kunst entwickeln, vollkommen befreit von den betriebswirtschaftlichen Wurzeln. Ähnlich wie Kunst umgibt sich ein solches Marketing mit der Aura der 'Unantastbarkeit': nicht jeder muss, schon gar nicht jeder kann es verstehen. Marketingerfolg lässt sich dann auch nicht mehr betriebswirtschaftlich messen; allenfalls lässt sich die Kreativität über Werbe-, Kommunikations- und Markenpreise bzw. -auszeichnungen innerhalb der Marketingcommunity belegen.

Selbstverständlich ist Kreativität im Marketing wichtig, aber Kreativität ohne Strategie und somit eine fundierte betriebswirtschaftliche Basis verpufft.

Es reicht nicht aus, die Führungsfunktion des Marketing immer wieder zu behaupten – vielmehr muss sie durch kontinuierliche Leistung permanent hart erarbeitet werden. Stark marktorientierte Unternehmen wie Procter & Gamble, Nestlé und Henkel streben kontinuierlich danach, neue 'Consumer Insights' zu generieren, um tatsächlich alle Wertschöpfungsprozesse vom Kunden aus und auf den Kunden hin zu führen.

Arroganz verliert das Mass.

Der Führungsanspruch des Marketing muss somit permanent durch konsequente Kunden- und Konkurrenzorientierung neu erarbeitet werden. Arroganz führt lediglich dazu, dass man die eigenen Möglichkeiten und Grenzen nicht mehr realistisch einschätzen kann und somit die tatsächliche Rolle des Marketing verkennt.

Urs Riedener, CEO Emmi Gruppe, Luzern: 'Marketing sollte nicht Erwartungen schüren, welche es nicht erfüllen kann.'

Marketingfehler Nr. 2: Kurzfristorientierte Aktionitis und Preisaktionen

Langsame Marketinginstrumente wirken oft erfolgreicher.

Drei der vier klassischen Marketinginstrumente wirken primär langfristig. Um eine neue Marktleistung (Product) zu entwickeln und marktgerecht einzuführen, benötigt man ausreichend Zeit. Um dieses den Kunden im Rahmen der Marktbearbeitung (Promotion) mittels persönlichem Verkauf und unpersönlicher Werbung zu kommunizieren und eine klar positionierte Marke aufzubauen, ist ebenfalls Zeit erforderlich. Der Aufbau einer zweckmässigen Distribution (Place) oder gar eines Mehrkanalsystems lässt sich in der Regel auch nicht von heute auf morgen realisieren. Das einzige Marketinginstrument, das sofort wirkt, ist (leider) der Preis. Da es auch noch das einzige Instrument ist, dass scheinbar nichts 'kostet' und somit in der klassischen Marketingbudgetierung oft nicht erscheint, greifen Marketingführungskräfte häufig zum Instrument Preis (meist in Form einer Preissenkung), mit dem sich sehr schnell Absatz- und Umsatzeffekte bewirken lassen.

Auch wenn es inzwischen 'Common sense' in Marketingwissenschaft und -praxis ist, dass die Absatzwirkungen von Preissenkungen meist überschätzt werden und dass sich die meisten Preissenkungen betriebswirtschaftlich nicht rechtfertigen lassen, weil sie die Rentabilitätsbasis gefährden, so sind Preissenkungen nach wie vor häufig ein scheinbarer 'Rettungsanker'. Doch auch wenn die Preissenkungen oft zeitlich nur befristet geplant waren, so lassen sich diese selten rückgängig machen.

Mario Pieper, Leiter Customer Relationship Management, Telekom Deutschland GmbH, Bonn: 'Preissenkung ist ultima ratio, da in der Regel nicht der Preis das Problem ist und zudem der Preis der grösste Gewinnhebel ist. Preissenkungen sind kaum zurückzuholen.'

Auch wenn eine auf 'Shareholder-Value' ausgerichtete Unternehmensführung aufgrund der Berücksichtigung des Zeitwerts des Geldes von der Grundidee her eigentlich durchaus langfristig ausgerichtet ist, so verleitet die Implementierung dieses kapitalmarktorientierten Ansatzes in der Regel dennoch zu einer verstärkt kurzfristigen Ausrichtung. Die erlaubten Amortisationszeiten von Investitions- und somit auch Marketingmassnahmenplänen sind zunehmend kürzer. Im Extremfall kann dies zu einer Ausrichtung des gesamten Marketing auf das jeweilige Quartalsergebnis führen. In einer solchen Situation 'rechnen' sich nur noch kurzfristige Verkaufsförderungsaktionen, nachhaltige Marketinginvestitionen werden weitgehend zurückgestellt. Erfolgreiches Marketing sollte dagegen versuchen, einen geeigneten Mix aus Push- und Pull-Marketing bzw. handlungsauslösendem und markenbildenden Marketing zu gewährleisten.

> Die Preisdiskussion wird zu einseitig nach 'unten' geführt.

Urs Riedener, CEO Emmi Gruppe, Luzern: 'Marketing wird zu oft als kurzfristiges Instrument zur Steigerung des Absatzes gesehen. Dementsprechend werden schnelle Resultate erwartet. Treffen diese nicht ein, so wird das Budget gekürzt, die Positionierung vorschnell überarbeitet oder der Marketing-Mix grundsätzlich geändert. Das ist falsch und fahrlässig. Sorgfältig und langfristig geplante Marketingausgaben sind Investitionen, welche sehr stark die strategische Ausrichtung eines Unternehmens zur Umsetzung bringen und das Unternehmen in den Köpfen der Kunden verankern.'

Dr. Reto Bazzi, Geschäftsführer Marketing und Vertrieb, Miele & Cie. KG, Gütersloh: 'Der kurzfristige Leistungsdruck sowie die beunruhigenden Aktivitäten der Mitbewerber und Marktpartner begünstigen die taktischen Marketingausgaben und entziehen den strategischen Marketinginvestitionen die Kraft.'

Aktionitis im Marketing erhöht auch die Wahrscheinlichkeit, dass die Marketingmassnahmen nicht fundiert durchdacht und abgestützt sind. Dies birgt die Gefahr, Kunden zu enttäuschen.

Ausgereifte Lösungen sparen auch Zeit!

Dr. Joachim Ott, Vorsitzender der Geschäftsführung der Bilfinger Berger Facility Services GmbH, Neu-Isenburg:
'Das Marketing verspricht ein Produkt oder eine Dienstleistung, die zum Start der Kampagne noch nicht ausgereift oder voll verfügbar ist. Das kehrt den positiven Effekt einer Innovation um in Frust beim Kunden. Wir achten deshalb immer darauf, dass die von uns angebotenen Leistungen ausgereift und mit adäquaten Kapazitäten hinterlegt sind.'

Marketingfehler Nr. 3: Fehlende strategische Verankerung des Marketing
Ein wichtiges Indiz für die Bedeutung und den Einfluss des Marketing in einem Unternehmen ist die Tatsache, ob sich diese Aufgabe auf der obersten Unternehmensebene wiederfindet. Im Rahmen einer aktuellen empirischen 'C-Level-Studie' bei den grössten börsennotierten Unternehmen zeigte sich, dass die Marketingfunktion lediglich bei 19% der schweizerischen und 10% der deutschen Unternehmen auf Vorstandsebene vertreten ist – Finance/Controlling dagegen 'selbstverständlich' bei allen (Reinecke 2011).
In einer aktuellen Dissertationsschrift unter dem Titel 'Der Fall der Marketingorganisation' belegt El-Idrissi (2010) empirisch mittels einer Panelanalyse für die Schweiz, dass
- die Anzahl der Marketingmitarbeiter in der Unternehmung abgenommen hat,
- der Anteil der Marketingvertreter in der Geschäftsleitung geschrumpft ist und
- das Marketing hierarchisch tiefer angesiedelt wird.

Er bekräftigt damit die Aussage von Webster et al. (2003): 'Marketing has lost its seat at the table' (siehe auch Kapitel 5).

Uwe Tännler, Präsident Swiss Marketing, Olten: 'Das Marketing ist oft an der falschen Position angesiedelt. Hauptverantwortliche für den Bereich Marketing sind häufig nur in der zweiten Führungsebene im Unternehmen. Dadurch sind die Kompetenzen meistens beschränkt...'

Aktivitäten für Kunden zu koordinieren ist anspruchsvoll und aufwändig.

Ein fehlendes Marketingvorstandsressort muss allerdings nicht zwangsläufig bedeuten, dass Marketing im Unternehmen keine Rolle spielt. Theoretisch ist es auch denkbar, dass sich die markt- und somit kunden- und konkurrenzorientierte Führungsphilosophie konsequent in allen anderen Unternehmensfunktionen niederschlägt, so dass bewusst auf ein Ressort Marketing verzichtet werden kann. In der Regel lässt sich jedoch festhalten: Zwar nimmt fast jeder Mitarbeitende in der ein oder anderen Form eine Marketingaufgabe wahr, dennoch benötigt man für die kundenorientierte Koordination dieser Tätigkeiten ebenfalls eine organisatorische Verantwortung. Dies gilt insbesondere – aber nicht ausschliesslich – in Dienstleistungsunternehmen, die vor der Herausforderung stehen, eine einheitliche 'Customer Experience' über alle Kundenkontaktpunkte zu gewährleisten. Ohne eine organisatorische Einheit, die unternehmensintern die Sichtweise des Kunden auf strategischer Ebene vertritt und für die operative Umsetzung sorgt, wird dies nur in wenigen Fällen realisierbar sein.

Machen alle Marketing, so ist niemand verantwortlich.

Dr. Cedric El-Idrissi, Brand Manager, PepsiCo Beverages Switzerland GmbH, Bern: 'Die Denkhaltung, dass jeder im Unternehmen Marketing macht, ist sehr gefährlich, denn am Ende des Tages ist niemand mehr dafür verantwortlich.'
Mario Pieper, Leiter Customer Relationship Management, Telekom Deutschland GmbH, Bonn: 'Die Customer Experience ist über alle Kundenkontaktkanäle und alle Unternehmensfunktionen entlang der Customer Journey aktiv zu managen, denn die Erwartung des Kunden an die Erlebniswelt wird geweckt durch emotionalisierte Kommunikation und wird erfüllt durch innovative Produkte und die konsistente Ausgestaltung der Customer Touch Points. Marketing muss organisationsübergreifend die horizontale Integration vorantreiben.'

Wichtig ist jedoch, dass es nicht um die Marketingabteilung als Selbstzweck geht, sondern darum, dass die marktorientierte Führungsaufgabe angemessen funktional gewährleistet wird.

Marketingfehler Nr. 4: Zersplitterung der Marketingkräfte

'Marketing wird pulverisiert'
(Dr. Marc Rutschmann).

Kaum ein Begriff hat so vielfältige Bedeutungen wie der Ausdruck 'Marketing' – dies spiegelt sich auch in den Organigrammen der Unternehmen wider. Während für die einen Marketing lediglich Marktkommunikation oder sogar nur Werbe-, Messe- und Broschürengestaltung bedeutet, verstehen andere darunter den umfassenden Gesamtbereich 'marktorientierte Unternehmensplanung'. In einigen Unternehmen existieren Marketing und Verkauf/Vertrieb als separate Funktionen, in andern berichtet das Marketing an den Verkauf – oder umgekehrt. Gelegentlich ist die Marketingabteilung für die Markenführung zuständig, manchmal dagegen eher eine beim Vorstandsvorsitzende angesiedelte Corporate Communications und Investor Relations-Abteilung.

Innerhalb von Marketing und Verkauf existieren eine Vielzahl von Subfunktion: Marktforschung, Key Account Management, Online Marketing, Customer Experience, Brand Management, Category Management, Product Management, Printwerbung, Below-the-Line-Marketing, Above-the-Line-Marketing, TV- und Radio-Werbung, Suchmachinenmarketing, Web- und Online Marketing, Direct Marketing, Inbound Marketing, Eventmarketing, Eventmarketing...

Der Kampf der Spezialisten führt selten zu optimalen Gesamtlösungen.

Spezialisierung hat seine Berechtigung immer dann, wenn spezifische Fachkenntnisse erforderlich sind, um eine bestimmte Aufgabe zufriedenstellend zu erfüllen. Jede Spezialisierung erschwert jedoch eine kundenorientierte Gesamtintegration und erhöht den internen Kommunikations- und Abstimmungsbedarf. Übermässige Spezialisierung kann dazu führen, dass es zu unternehmensinternen Kämpfen um Zuständigkeiten, Budget und Einfluss kommt – und nicht mehr um eine Ausrichtung auf Kunden und den Markt. Ein Symptom einer übermässigen Spezialisierung zeigt sich auch darin, dass in solchen Fällen nicht selten externe Berater als 'Schlichter' oder 'neutrale Entscheider' engagiert werden.

Julien A. Buro, Head of Marketing, Hirslanden Klinikgruppe, Zürich: 'Anstelle auf interne Kompetenz zu setzen werden häufig teure Berater geholt, die das Business nicht verstehen und unzählige Stunden verrechnen, um dann oft generische Lösungen anzubieten.'

Es erscheint verlockend, gegen die Zersplitterung der Marketingkräfte anzukämpfen, indem eine starke zentrale, international zuständige Marketingabteilung aufgebaut wird. Aus der Bürokratie- und Organisationsforschung ist allerdings bekannt, dass zentrale Funktionen im Laufe der Zeit die Tendenz haben, immer mehr Aufgaben zu übernehmen. Da Marketing aber Kundennähe erfordert, sollte hierbei immer das Prinzip der Subsidiarität berücksichtigt werden: Nur das, was sich lokal nicht besser eigenverantwortlich in den Märkten regeln lässt, sollte auf einer höheren, zentralen Ebene erledigt werden. Dies gilt letztlich für alle Marketingteilaufgaben, auch die Markenführung: Starke lokal verankerte Marken können in gewissen Märkten eine geeignetere Marketingstrategie sein als eine einheitliche, aber schwache internationale Marke.

Global Marketing ist die Herausforderung.

Walter P. Hölzle, Hölzle, Buri & Partner Consulting, Zug:
'Global tätige Unternehmen zentralisieren zunehmend ihre Services. Wird das Marketing zu stark zentralisiert, wird die Distanz zum Kunden respektive Markt und dessen geographisch und regionalen unterschiedlichen Bedürfnissen, welche oft grösser sind als man denkt, immer grösser.'

Verlässliche Markt- und Kundeninformationen sind die Basis.

Marketingfehler Nr. 5: Verzicht auf solide Marktinformation
Marktforschung wird häufig mit Befragung gleichgesetzt – und standardisierte Befragungen gelten zunehmend als teuer, unzuverlässig und widersprüchlich. Ferner wird kritisiert, dass der Kunde gar nicht wisse, was er wolle – weshalb es besser sei, ganz auf Marktforschung zu verzichten. Marktforschung ist häufig mit hohen Fixkosten verbunden. So ist beispielsweise die erforderliche Stichprobe bei Repräsentativuntersuchungen weitgehend unabhängig von der Grösse der Grundgesamtheit, weshalb man gerade in kleinen Ländern wie der Schweiz und Österreich der Befragungsmarktforschung besonders kritisch gegenübersteht. So schaltet man lieber ein paar Werbespots mehr, als dass man die Wirksamkeit der Werbung mittels Marktforschung überprüft. Viele Industrieunternehmen beklagen, dass sie nicht über eine so hervorragende Daten- und Informationsbasis wie Konsumgüterunternehmen verfügen – und belassen es bei dieser Feststellung.

© Fischer/allvisions

Marktforschung ist oft kritisch, bleibt aber wichtig.

Roland Rosset, Research Expert, GfK Switzerland, Hergiswil: 'Falsche Methodenentscheide oder das Ausweichen auf Billigmarktforschung sind fast noch gravierender als gar keine oder zu wenig Marktforschung durchzuführen.'

Auch wenn die Kritik an traditionellen standardisierten Befragungen häufig durchaus berechtigt ist, so sollte das Marketingverantwortliche nicht dazu verleiten, auf unseriöse Billigmarktforschung auszuweichen oder ganz auf Marktforschung zu verzichten. Der Kunde vergleicht das eigene Angebot fast immer mit jenem der Konkurrenz. Somit ist Konkurrenzmarktforschung unverzichtbar, weil andernfalls der Kunde besser informiert ist als der Anbieter selber.
Man muss nicht die Konkurrenz kopieren – aber man sollte durchaus wissen, was sie den Kunden anbieten. Unternehmen wie Dell investieren beispielsweise intensiv in die Preismarktforschung, um möglichst einen genauen Überblick über die regionalen Marktpreise zu haben – eine wichtige Voraussetzung für ein professionelles Preismanagement.

Informationen über Kunden, Konkurrenten, Absatzmittler und -helfer sowie Markt- und Technologietrends sind unverzichtbare Grundlage für professionelles Marketing. Auch bei der Marktforschung gilt das klassische Pareto-Prinzip: Mit 20% der Mittel lassen sich in der Regel 80% des Ergebnisses erzielen. Diese 20% müssen dann allerdings intelligent, methodisch wohlüberlegt und seriös eingesetzt werden.
Bei Aldi stehen beispielsweise 'externe Marktforschung' und 'Kundenbefragungen' auf der sogenannten Checkliste des Verzichts (Brandes 2003) – das heisst aber noch lange nicht, dass Aldi nicht beispielsweise Listings- und Preisexperimente durchführt und die Konkurrenzaktivität nicht detailgenau beobachtet.

Gerade für klein- und mittelständische Unternehmen sowie Industrieunternehmen sollten qualitative Marktforschung (Fokusgruppen, Tiefeninterviews), Beobachtungen und Experimente im Marktforschungsmix einen höheren Stellenwert erhalten.

Marketingfehler Nr. 6: Kein Marketingkonzept

Marketingkonzepte sind out – bereits der Begriff klingt veraltet, verstaubt und nach akademischer Bürokratie. Echte Unternehmer benötigen kein Marketingkonzept – allenfalls diskutiert man von Zeit zu Zeit über das eigene 'Business Model'.

Analysiert man klassische Marketingkonzepte, so lässt sich leicht nachvollziehen, dass die Kritik an solchen Schriftstücken durchaus berechtigt sein kann. Marketingkonzepte dürfen kein Selbstzweck sein und sollten in der Regel auch nicht die Länge einer Dissertationsschrift haben. Auch sind sie kaum Sinn stiftend, wenn sie so geheim sind, dass sie unter Verschluss gehalten werden müssen. Dennoch erscheint es sinnvoll, sich auf gewisse klassische Funktionen eines integrierten Marketing- und Verkaufskonzept zurückzubesinnen:

> *Marketingkonzepte schärfen die Lösungen und klären die Zusammenarbeit.*

a) **Integrationsfunktion:** Ein Marketingkonzept hilft, die wesentlichen Aspekte von Marketingherausforderungen zu analysieren und zu strukturieren. Es vermittelt eine gewisse Sicherheit, keine zentralen Aspekte vergessen zu haben, und zwingt zu Ganzheitlichkeit, insbesondere auch beim Verhältnis von Marketing und Verkauf.

b) **Entscheidungsfunktion:** Ein Konzept zwingt Marketing- und Verkaufsführungskräfte dazu, wichtige und grundlegende Entscheidungen tatsächlich zu treffen und eindeutige operationalisierte Ziele zu setzen. Fragen der grundsätzlichen Preisstrategie müssen somit ebenso eindeutig geklärt werden wie angestrebten Markenwerte: 'If you want to establish a clear image in the minds of consumers, you first need a clear image in your own mind' (Zyman 1999).

c) **Kommunikationsfunktion:** Ein Konzept erhöht die Verständlichkeit der Marketingziele und -instrumente und erleichtert die Kommunikation, sowohl marketingintern als auch gegenüber den anderen Unternehmensfunktionen und dem Top-Management.

d) **Feedback- und Lernfunktion:** Ein Marketingkonzept zwingt Unternehmen dazu, ihre Marketingziele eindeutig zu definieren. Dies ist Voraussetzung für ein Marketingcontrolling und – falls die Ergebnisse von den Zielen abweichen – das Einleiten von Lernprozessen für künftige Marketingmassnahmen.

Alexander Falser, Leiter Marktforschung Nestlé Deutschland AG, Frankfurt: 'Zu wiederholten Marketingfehlern gehört wohl das unsaubere Definieren und ungenügende Beschreiben einer intendierten Marketing- und Kommunikationszielgruppe, allgemein und in der Tiefe: die Menschen, ihr Lifestyle, ihre artikulierten und nicht-artikulierten Bedürfnisse, ihr Kommunikationsverhalten und ihr Einkaufsverhalten. Hinzu kommt das immer wieder beobachtete Verwechseln jener intendierten Zielgruppe mit der aktuellen Verwenderschaft eines Produktes oder Services. Dies sind oft zwei paar Schuhe. Und am Ende der Kette kommt ein entsprechend unsauberes Performance-Tracking der verschiedenen Initiativen heraus, gegen die intendierte Zielgruppe, aber auch mit klaren Key Performance Indikatoren, zu denen man sich transparent bekennt.'

Marketingfehler Nr. 7: Fehlende Geduld, Kontinuität und Konsequenz
Die meisten Marketingmassnahmen benötigen Zeit, bis sie ihre volle Wirksamkeit entfalten können: Marken können nur langfristig aufgebaut und Positionierungen nicht kurzfristig einfach ausgewechselt werden. So wird es noch eine Zeit dauern, bis Marken wie Google, Ebay und Facebook im klassischen Interbrand-Ranking die Traditionsmarke Coca-Cola als wertvollste Marke der Welt 'entthronen' können.

Marketing bewegt sich im Spannungsfeld von Kontinuität und Aktualität.

Der Königsweg des Marketing führt somit immer auf des Messers Schneide zwischen Kontinuität und Aktualität entlang: Auf der einen Seite besteht die Gefahr, Marketingmassnahmen so früh und schnell zu wechseln, dass sie keine nachhaltige Wirkung entfalten können. Auf der anderen Seite droht eine Marke zu verstauben, wenn sie nicht permanent aktuell gehalten wird und sich weiterentwickeln kann.

Frieder Löhrer, ehemals CEO LOEWE AG, Kronach: 'Sehr oft werden erfolgreiche Pfade zu lange beibehalten und auf der anderen Seite werden erfolgreiche Pfade nur aus 'anders machen wollen' verlassen. Im Prinzip reduziert es sich auf: das Richtige machen!'

Viele Marketingansätze werden ohne erkennbare Notwendigkeit gewechselt.

Unabhängig davon, ob man das Schwergewicht eher auf Kontinuität oder Aktualität legt – ein stetiger Wechsel der Marketingstrategien ist nicht zielführend und wird zur Konsumentenverwirrung führen. Die Zigarettenmarke Camel hat beispielsweise aufgrund permanenter Änderung der Kommunikationsstrategie keine klare Positionierung in den Köpfen der Konsumenten mehr, auch wenn jede einzelne der stark unterschiedlichen Werbekampagnen der letzten 15 Jahre isoliert durchaus professionell umgesetzt war.

Entscheidend für die nachhaltige Wirksamkeit des Marketing ist somit auch, dass die Marketingstrategie unabhängiger von den verantwortlichen Personen wird und somit organisationales Lernen ermöglicht wird. Der Wechsel von Produktmanagern im Zweijahresrhythmus darf ebenso wenig zu einer abrupten Änderung der Markenstrategie führen wie eine neue personelle Marketinggesamtverantwortung zu einer neuen Werbestrategie. Die schweizerische Versicherungsgesellschaft 'Die Mobiliar' ist beispielsweise unter anderem deshalb im Jahr 2010 für ihr Marketing ausgezeichnet worden, weil sie seit Jahren eine sehr kontinuierliche, aber dennoch kreative Werbekampagne mit hoher Aufmerksamkeitswirkung pflegt.

Kontinuität und Konstanz dürfen aber nicht zu Gemütlichkeit führen – und dazu, dass Trends verschlafen werden. Gerade im Bereich Online-Marketing ist es erforderlich, neue Ansätze auszuprobieren, um mit Hilfe der erzielten Lernprozesse dann nachhaltige Marketingstrategien umsetzen zu können.

Frank Marthaler, Leiter Swiss Post Solutions, Bern:
'Die heutigen technologischen Möglichkeiten, wie Cloud Computing, On-demand-Services, Web 2.0. usw. werden aus der Marketingperspektive zu wenig umfassend verfolgt, geprüft, getestet und genutzt. Diese Technologien erlauben eine zunehmende Messbarkeit und damit eine Effizienzsteigerung im ganzen Go-to-Market. Zudem ermöglichen sie eine Kundennähe und -interaktion zu Kosten und zu einer Qualität, die bislang nie möglich waren. Schliesslich – und das ist das Entscheidende – werden damit, insbesondere in traditionellen Geschäften, neue Geschäftsmodelle möglich, welche Märkte radikal verändern.'

Fazit

Nur erkannte Fehler können sich positiv auswirken.

Erfolg im Marketing ist relativ, das heisst abhängig von den selbst gesetzten Zielen. Somit sind auch 'Marketingfehler' nicht absolut, sondern ebenfalls relativ. Dennoch lassen sich immer wieder klassische Verhaltensweisen im Marketing feststellen, die ein Erreichen der Marketingziele unwahrscheinlich werden lassen. Je integrierter, je kundenorientierter und je nachhaltiger eine klare Marketingstrategie umgesetzt wird, desto höher die Erfolgswahrscheinlichkeit.

Schlüsselfragen für Entscheider

1. Wie definieren Sie Marketingerfolg – für Ihr Unternehmen und sich selber?
2. Ist Marketing in Ihrem Unternehmen auf strategischer Ebene organisatorisch verankert? Falls nein, worin liegen hierfür die Ursachen?
3. Setzen Sie im Marketing realistische Ziele, die messbaren Mehrwert für Unternehmen und Kunden stiften?
4. Wie integrieren Sie Ihre Marketingmassnahmen instrumentell und organisatorisch?
5. Sind Sie besser über Markt und Konkurrenz informiert als Ihre Kunden? Wie definieren Sie Ihr Verhältnis zur Marktforschung? Welche innovativen Marktforschungsmethoden setzen Sie ein?
6. Verfügen Sie über ein Marketingkonzept, das unternehmensintern bekannt und akzeptiert ist?
7. Wie häufig ändern Sie Ihre Marketingstrategie? Aus welchen Gründen?

Empfohlene Quellen

Belz, Ch. (2009): Marketing gegen den Strom. St.Gallen: Thexis und Index.

Belz, Ch. (1989): Konstruktives Marketing: Marketing-Diagnose und Lösungen für umkämpfte Mäkrte in Sättigung, Stagnation und Schrumpfung. Savosa/St.Gallen: Auditorium.

Brandes, D. (2003): Die 11 Geheimnisse des ALDI-Erfolgs, 2. Auflage. Frankfurt a. M. et al.: Campus.

El-Idrissi, C. (2010): Der Fall der Marketingorganisation – Eine empirische Untersuchung der Strukturen, Einflussgrössen und Trends. Wiesbaden: Gabler.

Kotler, P. (2005): Die 10 Todsünden im Marketing: Fehler vermeiden – Lösungen finden. München: Econ.

Webster, F. E./Malter, A. J./Ganesan, S. (2003): Can Marketing Regain Its Seat at the Table?, MSI Report No. 03-113. Cambridge, MA: Marketing Science Institute.

Zyman, S. (1999): The End of Marketing as We Know it. New York: Harper.

4. Marketing zwischen kleinem 'm' und grossem 'M'

© Fischer/allvisions

Die wichtigen Aufgaben des Marketing werden von Leuten erfüllt, die nicht in der Marketingabteilung arbeiten. Beispiele sind Verkauf, Service, Technik. Damit bleiben dem Marketing die Restaufgaben, die nicht sonst im Unternehmen wahrgenommen werden. Marketing muss wieder mehr Aufgaben übernehmen und dabei die weiteren Funktionen im Unternehmen massgeblich unterstützen.

'M' betrifft auch die Marketingphilosophie des Gesamtunternehmens und 'm' den Marketing-Mix

'Entscheidend ist es, das Zusammenspiel zwischen Technik, Marketing und Vertrieb zu optimieren. Ziel ist es, die interne Kraft für attraktive Kunden zu mobilisieren. Dazu braucht es Nähe und gegenseitige Akzeptanz und nicht vor allem eine Aufgabenklärung oder organisatorische Richtlinien' (Belz 2009, S. 135).

In vielen Lehrbüchern wird dem Marketing eine Allgemeinzuständigkeit für die unterschiedlichsten betrieblichen Belange attestiert. Strategie, Positionierung, Kommunikation, Kultur, Internationalisierung und viele andere Themen werden danach im Zuständigkeitsbereich des Marketing angesiedelt. Gerade Universitätsabsolventen sind nicht selten erstaunt, wenn sie in der betrieblichen Praxis entdecken, von wie vielen unterschiedlichen Unternehmensbereichen Marketingaufgaben übernommen werden und welche Zuständigkeiten die Marketingabteilung im Unternehmen besitzt. Das vorliegende Kapitel thematisiert ausgewählte Fragen, die die Zuständigkeiten der Marketingabteilung ('grosses M') und den unzähligen Unternehmensbereichen ('kleines m') betreffen, von denen Marketingaufgaben wahrgenommen werden.

Der vorliegende Beitrag zeigt aktuelle Forschungsergebnisse zum Einfluss des Marketing. Kernfragen sind:
- Wie bewegt sich Marketing zwischen Gesamtanspruch und erfüllten Funktionen?
- Lässt sich die Aufgabe des Marketing für verschiedene Unternehmen und Märkte klären?
- Was ist der aktuelle Stand in der internationalen Marketingforschung?
- Wie bewerten Marketingführungskräfte die interne Position und den Einfluss des Marketing?

Ausgangslage und Zielsetzung

Das Forschungsteam des Instituts für Marketing an der Universität St.Gallen hat es sich zum Ziel gesetzt, Aufgaben, Organisation und Einflussmöglichkeiten des Marketing in Unternehmen zu untersuchen. Dabei soll der Status Quo erfasst und Handlungsimplikationen für das Marketing der Zukunft abgeleitet werden.

Rückmeldungen der Praxis zur Situation des Marketing sind wertvoll.

Wir befragten 247 Unternehmensverantwortliche, die sich mit Marketing und Vertrieb beschäftigen als Experten der jeweiligen Unternehmen. Wir versuchten ein möglichst breites Branchenspektrum abzudecken, um möglichst generelle Aussagen treffen zu können. Die Befragung wurde unter Mitgliedern von Swiss Marketing, dem grössten Schweizerischen Marketingverband durchgeführt.

Inhaltlich fokussieren wir die folgenden Themenbereiche:
- Position des Marketing im eigenen Unternehmen,
- Zusammenarbeit zwischen Marketing und Vertrieb,
- Organisation und Aufgaben des Marketing,
- interner Einfluss des Marketing.

Steckbrief zur aktuellen Befragung von Führungskräften
Die folgenden statistischen Angaben geben einen Überblick über die Struktur der Stichprobe und helfen bei der Interpretation der Daten.

Statistische Angaben

Erhebungsdesign

- Internetbefragung per E-Mail versandt
- Datenerhebung im Dezember 2010

Struktur der Stichprobe

- Stichprobe: gesamthaft 247 Führungskräfte und Unternehmen
- Position der Befragten: 28.9% Marketingleiter, 23.8% Geschäftsführer, 19.6% Marketing Manager, 9.6% Vertriebsleiter, 4.6% Sonstige Führungskräfte, 3.8% Bereichsleiter, 9.6% Mitarbeiter Marketing und Vertrieb.
- Branchen: 41.4% Dienstleister, 27.2% Investitionsgüter, 17.8% Konsumgüter, 13.6% Handel.
- Unternehmensgrösse in Mitarbeitenden (MA): 55.8% 1–9 MA, 27.9% 10–49 MA, 3.8% 50–99 MA, 9.2% 100–249 MA, 3.3% mehr als 250 MA.

Schlüsselergebnisse aktueller Marketingforschung

In der internationalen Marketingforschung beschäftigen sich zunehmend Wissenschaftler mit der Position und dem Einfluss des Marketing. Die Autoren nehmen dabei sehr unterschiedliche Blickwinkel ein. Drei zentrale Themen in der internationalen Diskussion sind dominant:

- Zusammenarbeit zwischen Marketing und Vertrieb (Troilo, De Luca & Guenzi 2009; Homburg, Jensen & Krohmer 2008),
- Aufbauorganisation des Marketing (Workman, Homburg & Gruner 1998; Homburg, Workman & Jensen 2000; Krohmer, Homburg & Workman 2002) sowie
- Einfluss des Marketing innerhalb des eigenen Unternehmens (Verhoef & Leeflang 2009; Homburg, Workman & Krohmer 1999).

Wichtige Ergebnisse werden im folgenden Text zusammengefasst und im Kontext der aktuellen Untersuchung für Schweizerische Unternehmen diskutiert.

Zusammenarbeit zwischen Marketing und Vertrieb

Auch wenn Marketing und Vertrieb organisatorisch getrennt sind, bleibt das Zusammenspiel entscheidend.

In vielen Marketinglehrbüchern wird Vertrieb allein als Instrumentalbereich des Marketing behandelt. Dabei spielen Vertriebsabteilungen in der Unternehmenspraxis nicht etwa als Instrument des Marketing, sondern als selbständige Organisationseinheiten oft eine gewichtige Rolle. Die Schnittstelle zwischen Marketing und Vertrieb besitzt eine wichtige Funktion für die Entwicklung und Umsetzung von Marketingstrategien. Allerdings offenbart ein Blick in die Praxis, dass die Schnittstelle zwischen den Abteilungen nicht selten durch Interessensunterschiede, Misstrauen und Konflikte geprägt wird (siehe auch Kapitel 11). Homburg, Jensen & Krohmer (2008) haben die Schnittstelle zwischen Marketing und Vertrieb untersucht. Insbesondere zeigt ihre Studie auf, welche Rolle Informationsaustausch, gemeinsame Prozesse, Machtverhältnisse, Orientierung sowie die Informationsverteilung zwischen den Bereichen spielen. Der Beitrag zeigt, dass den genannten Elementen je nach Unternehmenskonstellation ein sehr unterschiedliches Gewicht zukommt. Die Studienergebnisse belegen, dass eine starke organisatorische Verzahnung zwischen Marketing und Vertrieb sowie ein hoher Stand an Kundenkenntnissen bei den Marketingmitarbeitern am stärksten dazu beitragen, den Erfolg des Gesamtunternehmens zu erhöhen.

Aufbauorganisation des Marketing

Die von Workman, Homburg & Gruner im Jahre 1998 veröffentlichte Studie untersucht, entlang welcher Dimensionen das Marketing organisiert wird und von welchen Rahmenbedingungen die Struktur des Marketing abhängt. Es werden drei wichtige Charakteristika der Marketingorganisation beleuchtet: (1) die organisatorische Aufhängung von Marketing und Vertrieb, (2) die cross-funktionale Verteilung von Marketingaufgaben und (3) die relative Macht der Marketingeinheiten. Das von den Autoren entwickelte Konzept ermöglicht den Vergleich verschiedener Organisationsalternativen des Marketing sowie die Analyse der relevanten Umweltbedingungen.

'Marketing kann eine wichtige Rolle im Prozess der Unternehmensentwicklung einnehmen, indem es sowohl die Produkt- wie auch Marktseite aktiv in die Strategieentwicklung einbringt. Dies stellt nicht nur die Businessstrategie auf eine abgestützte Basis, sondern gibt dem Marketing gleichzeitig die erforderliche Nähe zum Business um als valabler Partner im Unternehmen wahrgenommen zu werden'
(Andreas Stuker, Chief Operating Officer SAP (Schweiz) AG, Regensdorf).

Organisatorische Aufhängung des Marketing

Die aktuell vom Institut für Marketing an der Universität St.Gallen durchgeführte Studie gibt Einblicke in die Aufbauorganisation des Marketing in Schweizerischen Unternehmen. Die mit Abstand am häufigsten anzutreffende Anbindung des Marketing ist danach in 43.9% der befragten Unternehmen als 'funktional organisierte autonome Geschäftseinheit' (siehe Abbildung 4.1). In 22.8% der Unternehmen ist Marketing eine Stabstelle auf Konzernebene. In beiden Fällen muss Marketing aufgrund der bereichsübergreifenden Stellung eine wichtige Koordinationsfunktion übernehmen. Dies ist insbesondere in grossen Unternehmen eine Herausforderung, da Marketingentscheidungen sämtliche Unternehmensbereiche betreffen und mit diesen abgestimmt werden müssen. In 19.0% der Unternehmen befindet sich das Marketing in den Geschäftsbereichen, bei 14.8% wird dieses durch ein Konzernmarketing begleitet. Durch eine Verankerung des Marketing in den einzelnen Geschäftsbereichen gelingt eine nahe Abstimmung auf die Erfordernisse des jeweiligen Bereichs. Durch das begleitende Konzernmarketing können wiederum sämtliche Marketingaktivitäten bereichsübergreifend harmonisiert werden. In 11.6% der Fälle ist Marketing in Konzerneinheiten aufgeteilt, in 5.6% in der Vertriebsorganisation angesiedelt.
Neben der Frage der horizontalen Ansiedlung ist von Interesse, wie sehr das Marketing in Entscheidungen des Top-Managements eingebunden ist. Eine besondere Relevanz besitzt dabei die organisationale Nähe zum Top-Management, die als guter Indikator für die Relevanz des Marketing dienen

kann. Die Ergebnisse unserer Untersuchung zeigen, dass der Marketingleiter in 7.4% der Unternehmen selbst Mitglied der Unternehmensleitung ist. Bei 62.1% der Befragten berichtet der Marketingleiter unmittelbar an die Geschäftsleitung. Zwei Hierarchieebenen über dem Marketingleiter existieren in 24.2% der Fälle. Lediglich in 6.3% der Unternehmen sind über dem Marketingleiter mehr als zwei Hierarchieebenen vorzufinden. Es zeigt sich also, dass Marketing im weitaus grössten Teil der Unternehmen direkten Zugang zum Top-Management besitzt. Marketing kann somit Einfluss auf wichtige Entscheidungen des Unternehmens ausüben (siehe auch Kapitel 5).

Eingliederung des Marketing: Bitte geben Sie an, wie das Marketing in Ihrem Unternehmen positioniert ist (mehrere Antworten möglich).

Marketing ist...

- ... eine funktional organisierte autonome Geschäftseinheit für das Gesamtunternehmen. (n=83) — 43,9%
- ... eine Stabstelle auf Konzernebene. (n=43) — 22,8%
- ... eine Abteilung in den Geschäftsbereichen, die sich mit anderen Geschäftsbereichen eine gemeinsame Vertriebsorganisation teilen. (n=36) — 19,0%
- ... eine Abteilung in den Geschäftsbereichen bei begleitendem Konzernmarketing. (n=28) — 14,8%
- ... in Konzerneinheiten aufgeteilt, die für verschiedene Geschäftsbereiche arbeiten. (n=22) — 11,6%
- ... Abteilung in der gemeinsam genutzten Vertriebsorganisation, die über wenige F&E- und Produktionsfähigkeiten verfügt. (n=11) — 5,8%
- andere (n=14) — 7,4%

Anteil: 0% 10% 20% 30% 40% 50% 60%

■ Positionierung (n=189)

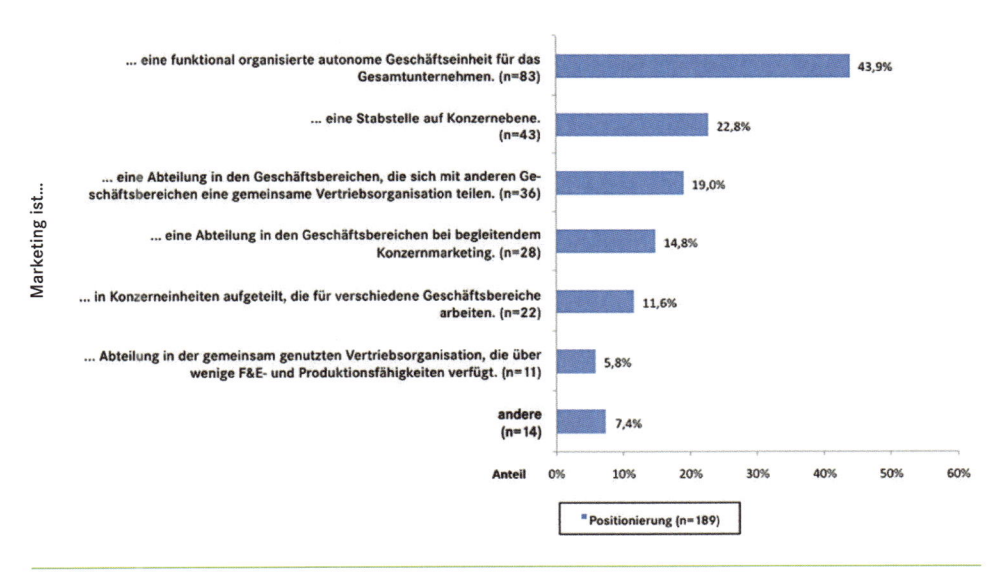

Abbildung 4.1: Organisationale Eingliederung des Marketing in die Unternehmensorganisation

'Marketingabteilungen müssen ihrerseits innovativer werden indem sie ihren Beitrag an der Neuproduktentwicklung erhöhen' (Uwe Tännler, Präsident Swiss Marketing, Olten).

Cross-funktionale Verteilung von Marketingaufgaben

Die Verteilung von Marketingaufgaben auf verschiedene Unternehmensfunktionen zeigt, welchen Einfluss der Marketinggedanke auch auf andere Unternehmensbereiche besitzt, selbst, wenn es nicht die Marketingabteilung ist, die über sämtliche Fragen selbst entscheidet. Insbesondere mit dem Vertrieb verbindet das Marketing eine Vielzahl von gemeinsamen Tätigkeiten. Dies zeigt auch unsere Untersuchung.

© Fischer/allvisions

Wir haben Führungskräfte gebeten einzuschätzen, welchen Einfluss die verschiedenen Abteilungen 'Marketing', 'Verkauf', 'Forschung und Entwicklung' sowie 'Finanzen und Controlling' auf acht ausgewählte Entscheidungsfelder des Marketing besitzen (siehe Abbildung 4.2). Für 'Werbung und persönliche Kommunikation' sowie für 'Events und Messen' zeigt sich eine dominante Stellung des Marketing. Allerdings besitzt auch der Verkauf in sämtlichen Feldern eine massgebliche Bedeutung. Für 'Customer Relationship Management', 'Distributionsmanagement', 'Preisentscheidungen' und 'persönlicher Verkauf' ist der Einfluss der Verkaufsabteilung sogar stärker als der des Marketing. 'Produktinnovationen' werden durch Marketing sowie den F&E-Bereich beeinflusst.

Einfluss der Abteilungen auf die acht Kriterien: Verteilung von 100 Punkten für jedes Kriterium auf fünf Abteilungen.

Kriterium	Marketing	Verkauf	Forschung & Entwicklung	Finanzen & Controlling	Andere
Werbung und persönliche Kommunikation	62,7	21,8	2,8	5,9	6,9
Events und Messen	53,0	30,4	2,9	5,7	8,0
Produkt- und Leistungsmanagement	39,1	25,4	14,3	11,3	9,9
Customer Relationship Management (CRM)	37,8	43,3	3,1	7,7	8,1
Distributionskanäle	34,9	43,8	4,0	8,2	9,1
Produktinnovationen	33,5	21,9	30,5	6,7	7,4
Preisentscheidungen	31,1	33,4	9,5	17,5	8,5
Persönlicher Verkauf	23,1	65,7	2,5	4,1	4,5

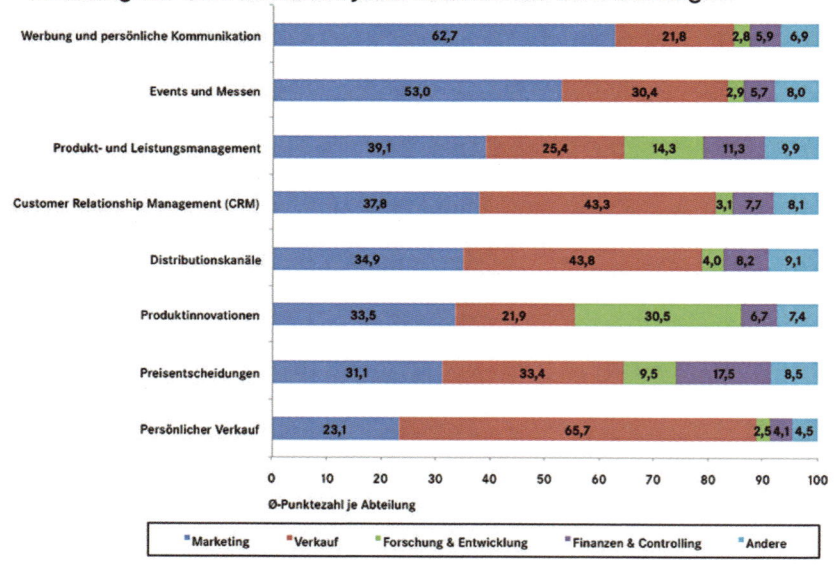

Ø-Punktezahl je Abteilung

Abbildung 4.2: Einfluss des Marketing und anderer Abteilungen auf verschiedene Entscheidungsfelder

Interner Einfluss des Marketing

In jüngster Zeit hat insbesondere der interne Einfluss des Marketing und die Möglichkeiten, diesen zu verbessern, das Interesse der Marketingforscher geweckt. Der in diesem Zusammenhang wohl wichtigste aktuelle Beitrag wurde von

Verhoef & Leeflang im Jahr 2009 im Journal of Marketing veröffentlicht. Die Autoren nehmen die anhaltende Debatte über den abnehmenden Einfluss des Marketing im eigenen Unternehmen zum Anlass zu untersuchen, auf welche Weise das Marketing beeinflusst und wovon die Stärke des Einflusses abhängt. Die Ergebnisse zeigen, dass die Nachweisbarkeit von Marketingerfolgen sowie die Fähigkeit, Neuproduktinnovationen anzustossen, zwei wichtige Stellhebel für den Marketingeinfluss sind. Hingegen zeigen die Ergebnisse nicht, dass kundenbezogene Vermittlungsaktivitäten den Einfluss des Marketing erhöhen, obwohl diese eine wichtige Grundlage sind, um eine höhere Marktorientierung in der Unternehmung zu fördern. Vielmehr betonen Verhoef & Leeflang, dass Marketers zunächst durch einen stärkeren Erfolgsnachweis der eigenen Aktivitäten sowie Innovativität den eigenen Einfluss erhöhen sollen. Diesen kann das Marketing anschliessend nutzen, um eine höhere Marktorientierung zu schaffen.

Nachweisbarkeit von Marketingerfolgen
Eine besondere Herausforderung des Marketing liegt also im Nachweis der eigenen Erfolge. Kosten von Marketingaktivitäten sind schnell ermittelt. Die Wirkungen auf das Vertrauen der Kunden, die Kaufabsichten und die tatsächlichen Umsätze, sind dagegen nur schwer abzuschätzen. Dies hat verschiedene Gründe. So sind die Wirkungen von Marketingaktivitäten meist vielschichtig und beeinflussen Bekanntheit, Präferenz und Kaufverhalten des Kunden in unterschiedlichem Masse. Auch treten Wirkungen bei den Kunden und deren Reaktionen häufig erst mit zeitlichen Verzögerungen auf, was eine Zuordnung erschwert. Letztlich treten Unternehmen nur selten mit einzelnen Massnahmen auf den Kunden zu. Vielmehr strömt häufig ein ganzes Massnahmenbündel aus Marketing- und Vertriebsaktivitäten auf den Kunden ein, was die Ermittlung isolierter Partialeffekte erschwert.

'Marketing muss auch intern überzeugen: mit guten Argumenten und vor allem mit Erfolg' (Dr. Reto Bazzi, Geschäftsführer Marketing und Vertrieb, Miele & Cie. KG, Gütersloh).

Wir haben Führungskräfte gebeten zu beurteilen, inwiefern die Marketingabteilung in der Lage ist, die finanziellen Auswirkungen ihrer Aktivitäten aufzuzeigen (siehe Abbildung 4.3). Demnach sind mehr als 60% der Marketingabteilungen im Stande, den finanziellen Erfolg ihrer Massnahmen aufzuzeigen. Für ca. 35% der Unternehmen stellt diese Aufgabe hingegen nachwievor eine wichtige Herausforderung dar.

Erfolgsnachweis des Marketing
Die Marketingabteilung in unserem Unternehmen...

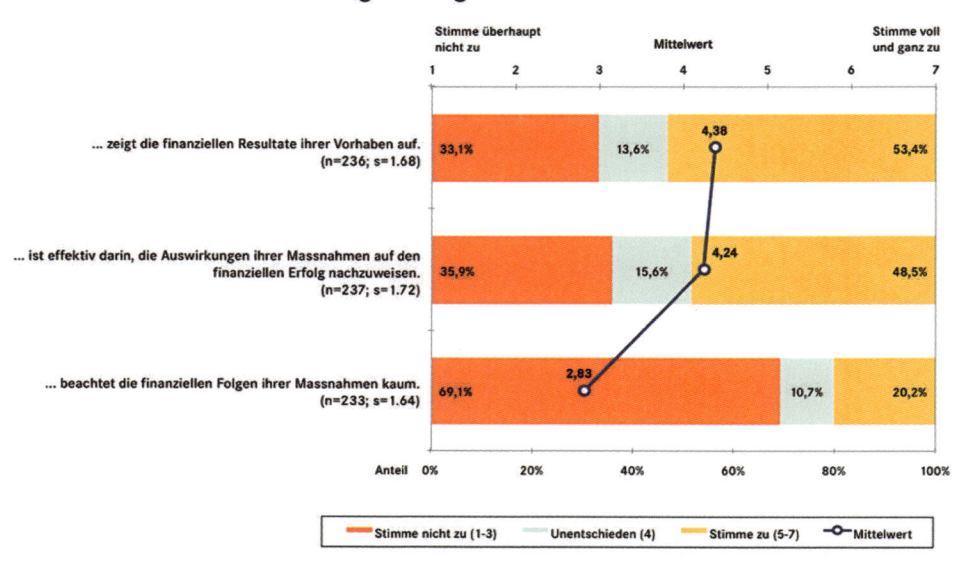

Aussage	Stimme nicht zu (1-3)	Unentschieden (4)	Stimme zu (5-7)	Mittelwert
... zeigt die finanziellen Resultate ihrer Vorhaben auf. (n=236; s=1.68)	33,1%	13,6%	53,4%	4,38
... ist effektiv darin, die Auswirkungen ihrer Massnahmen auf den finanziellen Erfolg nachzuweisen. (n=237; s=1.72)	35,9%	15,6%	48,5%	4,24
... beachtet die finanziellen Folgen ihrer Massnahmen kaum. (n=233; s=1.64)	69,1%	–	10,7%	20,2% (MW 2,83)

Abbildung 4.3: Erfolgsnachweis des Marketing

Messbarkeit: Markieren Sie bitte für jede einzelne Marketingaktivität das Vermögen Ihrer Firma diese Leistung zu messen:

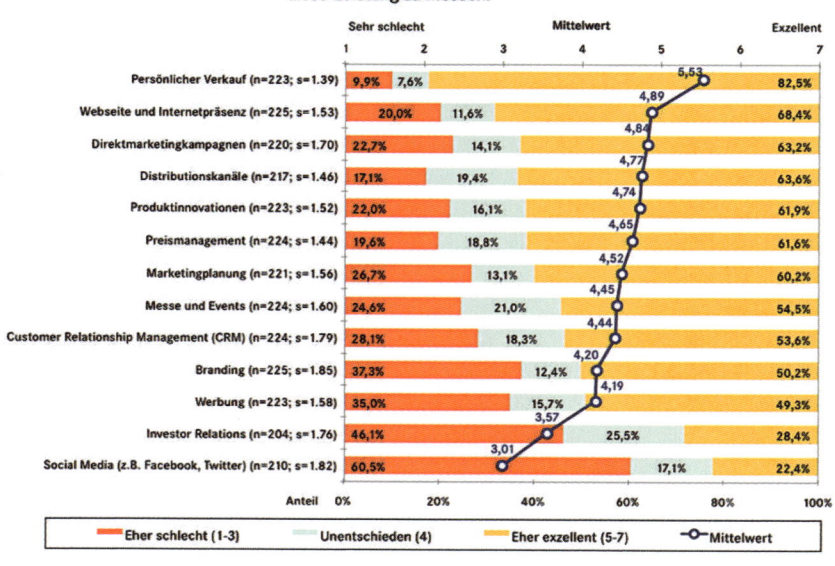

Aktivität	Eher schlecht (1-3)	Unentschieden (4)	Eher exzellent (5-7)	Mittelwert
Persönlicher Verkauf (n=223; s=1.39)	9,9%	7,6%	82,5%	5,53
Webseite und Internetpräsenz (n=225; s=1.53)	20,0%	11,6%	68,4%	4,89
Direktmarketingkampagnen (n=220; s=1.70)	22,7%	14,1%	63,2%	4,84
Distributionskanäle (n=217; s=1.46)	17,1%	19,4%	63,6%	4,77
Produktinnovationen (n=223; s=1.52)	22,0%	16,1%	61,9%	4,74
Preismanagement (n=224; s=1.44)	19,6%	18,8%	61,6%	4,65
Marketingplanung (n=221; s=1.56)	26,7%	13,1%	60,2%	4,52
Messe und Events (n=224; s=1.60)	24,6%	21,0%	54,5%	4,45
Customer Relationship Management (CRM) (n=224; s=1.79)	28,1%	18,3%	53,6%	4,44
Branding (n=225; s=1.85)	37,3%	12,4%	50,2%	4,20
Werbung (n=223; s=1.58)	35,0%	15,7%	49,3%	4,19
Investor Relations (n=204; s=1.76)	46,1%	25,5%	28,4%	3,57
Social Media (z.B. Facebook, Twitter) (n=210; s=1.82)	60,5%	17,1%	22,4%	3,01

Abbildung 4.4: Fähigkeit den Erfolg einzelner Marketingaktivitäten zu messen

'Marketing soll sich aus dem unverbindlichen Kommunikations-Eck herausbewegen und (Mit-)Verantwortung für die Geschäftsergebnisse übernehmen. Das erhöht normalerweise den Druck - auf das Marketing, aber auch vom Marketing!' (Dr. Johann Oswald, Mitglied des Vorstands der Allianz Elementar Versicherungs-AG, Wien).

'Verantwortung für profitables Wachstum übernehmen; Umsetzung mit konsequenter Kundenorientierung und last but not least Marketing zähl-, mess- und wiegbar machen!' (Mario Pieper, Leiter Customer Relationship Management, Telekom Deutschland GmbH, Bonn)

Bei welchen Marketingaktivitäten ist das Marketing in der Lage, den Erfolg zu messen und bei welchen ist es eher schlecht möglich (siehe Abbildung 4.4)? Es zeigt sich, dass eine Leistungsmessung im persönlichen Verkauf bei 82.5 % der Befragten mit Abstand am besten gelingt. Bei klassischen Marketinginstrumenten scheint die Lage vergleichsweise ausgewogen. Grosse Defizite bei der Leistungsmessung ergeben sich hingegen bei 'Investor Relations', die 46.1 % der Befragten als schlecht beurteilen und 'Social Media', bei denen es 60.5 % der Unternehmen nach eigenen Angaben nicht gelingt, die Leistung des Marketing nachzuweisen.

Einfluss des Marketing

Insgesamt wird der Einfluss des Marketing im Vergleich zu anderen Abteilungen von den befragten Führungskräften etwas geringer eingeschätzt (siehe Abbildung 4.5).

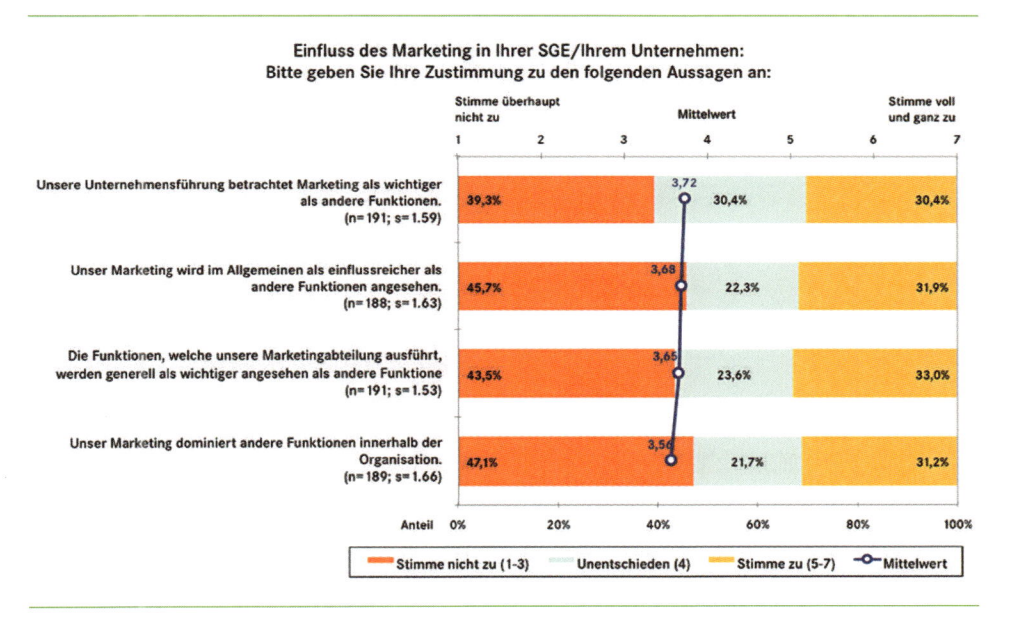

Abbildung 4.5: Gesamteinfluss des Marketing im Unternehmen

Dies stützt die Grundthese der Autoren Verhoef & Leeflang über den schwindenden Einfluss des Marketing und fordert dazu auf, Massnahmen zu ergreifen, um den Einfluss des Marketing aufrecht zu erhalten und weiter auszubauen. Einen Überblick über Massnahmen, die das Marketing zur Steigerung des eigenen Einflusses ergreifen kann, zeigt Abbildung 4.6.

Unternehmerisches Marketing betreiben nur unternehmerisch denkende Verantwortliche im Marketing. Das sind Generalisten mit Augenmass. Leider pulverisiert sich aber das Marketing in zahlreiche Spezialdisziplinen. Wir brauchen Marketinggeneralisten, die definieren was sie beitragen und sich weniger abgrenzen und nicht nur zeigen, was nicht ihre Aufgabe ist.

Die Voraussetzungen des Marketing, um das Unternehmensgeschehen zu beeinflussen, erregen kaum Besorgnis. Marketing ist selbstverständlicher Teil des Managements. Allerdings ist kritisch zu prüfen, wie Gremien (inklusive der Marketingvertretung) mit konkreten Anträgen zu Marketingführung, Produktlancierungen, Werbekampagnen, Kundenevents usw. umgehen. Bleiben Vorschläge rasch auf der Strecke, wenn Kosten gesenkt werden sollen? Werden Konzepte flexibel angepasst und quasi eingedampft? Ist Marketing rasch bereit, auf Kompromisse einzugehen? Voraussetzungen müssen nämlich auch professionell genutzt werden.

Strategien und Massnahmen des Marketing

Strategie / Massnahme	Stimme nicht zu (1-3)	Unentschieden (4)	Stimme zu (5-7)	Mittelwert
Anknüpfung Unternehmensstrategie: Marketingthemen werden mit der Strategie des Gesamtunternehmens verknüpft. (n=202; s=1.64)	15,8%	8,9%	75,2%	5,28
Erwartungsmanagement: Marketing beeinflusst gezielt die Erwartungen des Top-Managements. (n=200; s=1.58)	20,0%	11,5%	68,5%	4,89
Business Pläne: Marketingstrategien und -budgets werden in die Vorlagen für interne Business Pläne integriert. (n=202; s=1.59)	22,8%	11,4%	65,8%	4,75
Projektstrategie: Kunden- und konkurrenzrelevante Projekte sind funktionsübergreifend definiert. (n=200; s=1.65)	25,0%	13,5%	61,5%	4,64
Multiplikationsstrategie: Aktuelle Marketingerfolge werden so genutzt, dass sie auf das Gesamtmarketing positiv ausstrahlen. (n=200; s=1.60)	24,0%	18,0%	58,0%	4,59
Kundensensibilisierung: Für alle Geschäftsleitungsmitglieder werden konsequent Kundenkontakte geschaffen. (n=200; s=1.87)	28,0%	14,5%	57,5%	4,59
Initiative "Mehrwert für den Kunden": Sämtliche Unternehmensmassnahmen werden konsequent auf den vom Kunden wahrgenommenen Wert hin überprüft. (n=199; s=1.66)	26,6%	20,6%	52,8%	4,44
Marketing Metrics: Mit Hilfe von monetären und nichtmonetären Kennzahlen werden Effektivität und Effizienz von Marketing und Verkauf aufgezeigt. (n=201; s=1.72)	38,3%	17,4%	44,3%	4,00
Marketing Board: Zur Sicherstellung von Zielorientierung und Integration wird ein Top-Marketinggremium mit Beteiligung des CEO eingeführt. (n=202; s=1.95)	41,6%	13,4%	45,0%	3,94
Marketingaudit: Stärken und Schwächen der eigenen Markt- und Kundenorientierung werden systematisch analysiert. (n=200; s=1.79)	42,0%	12,5%	45,5%	3,89
Wettbewerbsaktivitäten: Misserfolge wie Produktflops oder Erfolge der Konkurrenz werden genutzt, um eine erhöhte Kundenorientierung der eigenen Gesamtorganisation sicherzustellen. (n=199; s=1.67)	44,7%	15,6%	39,7%	3,82
Investor Relations: Die Wahrnehmung von Analysten und Shareholdern hinsichtlich der Relevanz des Marketing stärkt die unternehmensinterne Position des Marketing. (n=186; s=1.64)	40,3%	25,3%	34,4%	3,73
Innovationsstrategie: Neue Technologien und Trends wie Facebook oder Twitter werden genutzt, um die Aufmerksamkeit des Top-Managements zu gewinnen. (n=201; s=1.90)	56,7%	13,4%	29,9%	3,24
Personalmanagement: Es wird eine Job Rotation zwischen den Marketing- und Verkaufsfunktionen sowie angrenzenden Funktionen betrieben. (n=201; s=1.91)	60,7%	11,9%	27,4%	3,08
Kunden- oder Händlerbeirat: Zur Reflexion der eigenen Marktstrategie wird ein Kunden- oder Händlerbeirat mit wichtigen kommunikativ-kritischen Mitgliedern gegründet. (n=197; s=1.82)	64,0%	12,2%	23,9%	3,00

Abbildung 4.6: Strategien und Massnahmen zur Gewinnung von Einfluss

Schlüsselfragen für Entscheider
1. Wo ist Marketing in der Organisation angesiedelt?
2. Findet die Marketingabteilung im Top-Management genug Gehör?
3. Besitzt das Marketing bei wichtigen Entscheidungsfeldern genügend Einfluss?
4. Gelingt es, die finanziellen Auswirkungen von Marketingaktivitäten aufzuzeigen? Bei welchen Aktivitäten bestehen Defizite, die abgebaut werden müssen?
5. Erkennt die eigene Organisation die Bedeutung des Marketing und gewährt diesem ausreichenden Einfluss?

Empfohlene Quellen

Belz, Ch. (2009): Marketing gegen den Strom. St.Gallen: Thexis und Index.

Homburg, Ch./Jensen, O./Krohmer, H. (2008): Configurations of Marketing and Sales: A Taxonomy, Journal of Marketing, 72 (2), pp. 133–154.

Homburg, Ch./Workman, J./Jensen, O. (2000): Fundamental Changes in Marketing Organization: The Movement Toward a Customer-Focused Organizational Structure, Journal of the Academy of Marketing Science, 28 (4), pp. 459–478.

Homburg, Ch./Workman, J.P./Krohmer, H. (1999): Marketing's Influence Within the Firm, Journal of Marketing, 63 (2), pp. 1–17.

Krohmer, H./Homburg, Ch./Workman, J. (2002): Should Marketing Be Cross-Functional? Conceptual Development and International Empirical Evidence, Journal of Business Research, 55 (6), pp. 451–461.

Troilo, G./De Luca, L.M./Guenzi, P. (2009): Dispersion of Influence between Marketing and Sales: Its Effects on Superior Customer Value and Market Performance, Industrial Marketing Management, 38 (8), pp. 872–882.

Verhoef, P.C./Leeflang, P.S.H. (2009): Understanding the Marketing Department's Influence Within the Firm, Journal of Marketing, 73 (2), pp. 14–37.

Workman, J./Homburg, Ch./Gruner, K. (1998): Marketing Organization: An Integrative Framework of Dimensions and Determinants, Journal of Marketing, 62 (3), pp. 21–41.

5. C-Level mit oder ohne Marketing

© Fischer/allvisions

Wie ist der faktische Einfluss des Marketing in den Vorständen börsennotierter Unternehmen? Gibt es überhaupt eine Marketingabteilung in diesen Unternehmen? Wenn ja, wie viele Unternehmen räumen dem Marketing eine Vorstands- bzw. Chief-Position (C-Level) ein? Welchen Ausbildungs- und Erfahrungshintergrund haben die CEOs dieser internationalen Grossunternehmen? Verfügen sie über Marketing- und Verkaufserfahrung, so dass sie den Anliegen des Marketing aufgeschlossen gegenüberstehen?

Gibt es einen Chief Marketing Officer?

Ausgangslage und Situationsanalyse

Über die Stellung des Marketing auf Vorstandsebene gibt es viele Vermutungen, aber leider kaum empirische Studien. Häufig wird konstatiert, dass der Einfluss des Marketing in börsennotierten Unternehmen zurückgegangen sei. Während der Anteil an Unternehmen mit einem Chief Marketing Officer seit der 'golden Marketingzeit' Mitte der 1990er Jahre zunahm (McGovern/Quelch 2004, S. 45), so weise er in den letzten Jahren wieder eine rückgängige Tendenz auf (Nath/Mahajan 2008, S. 70). Jedes Unternehmen verfüge ohne Ausnahme über einen Finanzchef auf Vorstandsebene; demgegenüber wird häufig beklagt, dass zahlreiche Grossunternehmen Marketing zunehmend auf die mittlere Führungsebene verbannt hätten. Auch sei der Hintergrund der meisten Vorstandsmitglieder und auch jener des CEOs häufig nicht durch Ausbildung oder praktische Erfahrung in den Bereichen Marketing und Verkauf geprägt. Vielmehr würden Konzerne zunehmend von Technikern, Juristen, Controllern und 'Arbeitsdirektoren' dominiert.

Fakten zu diesen subjektiv geprägten Eindrücken gibt es allerdings nur wenige. El-Idrissi (2009) zeigte in einer Schweizerischen Studie, dass immerhin 21% der befragten Unternehmen über keine Marketingorganisation verfügen. Interessant ist hier allerdings die grosse Streuung: Während 56.5% der Unternehmen mit 5 bis 9 Mitarbeitenden keine Marketingabteilung haben, liegt dieser Anteil bei Unternehmen mit mehr als 250 Mitarbeitenden nur noch bei 3.7%. Die Interpretation dieses empirischen Resultats ist nicht ein-

> 'If marketing is everybody's responsibility, it ends up being nobody's responsibility and the marketing skills of the organization atrophy'
> (Webster 1977, S. 66).

fach: Entweder wird Marketing in der Gründungs- und Startphase nicht als so wichtig empfunden, dass hier eine Spezialisierung erforderlich sei – oder aber bei Kleinunternehmen ist Marketing tatsächlich Chefsache, so dass gar keine Marketingabteilung erforderlich ist. Die Wahrheit liegt wahrscheinlich in der Mitte.

Ein weiteres interessantes Ergebnis der Studie von El-Idrissi (2009) beleuchtet das Verhältnis von Marketing und Verkauf. In 39.2% der Unternehmen, die über eine Marketingorganisation verfügen, ist Marketing hierarchisch dem Verkauf untergeordnet. In 32.9% sind die Abteilungen gleichgestellt, in 27.9% der Fälle berichtet der Verkauf an die Marketingleitung. Gleichzeitig belegt die Studie jedoch eindrücklich, dass die Wahrscheinlichkeit, dass Marketing die übergeordnete Funktion ist, mit der Grösse des Unternehmens deutlich steigt. Bei Grossunternehmen berichtet der Verkauf zumeist an das Marketing, auch wenn hier durchaus Branchenunterschiede bestehen.

Aktuelle Forschungsergebnisse von Nath und Mahajan (2010) belegen, dass der relative Einfluss des Chief Marketing Officer grösser ist, wenn
- er auch gleichzeitig für den Verkauf zuständig ist;
- die Marketingerfahrung des Top-Managementteams abnimmt,
- Unternehmen mit geringer Marketingerfahrung auf Ebene des Top-Managements eine Innovationsstrategie verfolgen.

Diese Ergebnisse sind plausibel und wenig überraschend. Je knapper eine Ressource wie z.B. Marketingkenntnisse in einem Unternehmen empfunden werden, desto höher ihr Wert.

C-Level-Studie des Instituts für Marketing an der Universität St.Gallen

Um die tatsächliche Situation von Marketing und Verkauf auf Vorstandsebene börsennotierter Unternehmen zu analysieren, führte das Institut für Marketing an der Universität St.Gallen (HSG) im Herbst 2010 eine empirische Querschnittsanalyse durch. Die Vorstandsebenen der grössten börsennotierten Unternehmen wurden danach analysiert, ob Marketing auf Vorstandsebene vertreten ist sowie über welchen Ausbildungs- und Erfahrungshintergrund die Vor-

Wie ist Marketing im Top-Management verankert?

standsmitglieder und insbesondere die CEOs verfügen. Dazu wurde basierend auf den Lebensläufen der Vorstandsmitglieder eine umfangreiche Datenbank erstellt, um den Werdegang dieser Personengruppe empirisch zugänglich zu machen (Stichtag: 1. September 2010). Grundgesamtheit der Analysen waren alle Unternehmen des Swiss Market Index (SMI), des Deutschen Aktienindex (DAX 30) sowie des US-amerikanischen Dow Jones 30 (DJ 30). Abbildung 5.1 zeigt ausgewählte Ergebnisse im Überblick.

	Schweiz		Deutschland		USA	
Unternehmen						
Grundgesamtheit	SMI		DAX 30		Dow Jones 30	
Anzahl	21		30		30	
mit Chief Marketing Officer	4	19%	3	10%	13	43%
Vorstände						
Anzahl Vorstände	199		182		369	
… mit Marketing- oder Verkaufshintergrund	51	26%	40	22%	112	30%
… davon Marketing	45	23%	27	15%	102	28%
… davon Verkauf	21	11%	33	18%	54	15%
… mit Studium	192	96%	172	95%	365	99%
… mit wirtschaftswissenschaftlicher Ausbildung	42	21%	94	52%	74	20%
… weiblich	13	7%	4	2%	63	17%
… Ausländer	137	69%	39	21%	80	22%
CEOs						
… mit Marketing- und Verkaufshintergrund	7	33%	8	27%	7	23%
… mit Studium	19	90%	28	93%	29	97%
… mit wirtschaftswissenschaftlicher Ausbildung	11	52%	13	43%	19	63%
… weiblich	0	0%	0	0%	3	10%
… Ausländer	15	71%	7	0%	5	17%

Abbildung 5.1: Stellung von Marketing und Verkauf auf der Vorstandsebene börsennotierter Unternehmen. Quelle: C-Level-Studie des Instituts für Marketing an der Universität St.Gallen 2010.

Die wichtigsten Ergebnisse der Studie lassen sich wie folgt zusammenfassen:

Marketing ist in den USA deutlich häufiger ein Vorstandsressort als in der Schweiz und in Deutschland.

- Die Anzahl der Unternehmen mit einem Chief Marketing Officer und somit einem Vorstandsressort Marketing ist in der Schweiz und Deutschland erschreckend gering – insbesondere im Vergleich zu den USA. In Deutschland verfügen gerade einmal drei Unternehmen über einen CMO (BMW, Infineon und Volkswagen), in der Schweiz sind es vier (ABB, Actelion, Nestlé und Swiss Re), wobei die Bezeichnungen variieren. Zwar ist hierbei zu relativieren, dass eine Vielzahl von Unternehmen sogenannte Chief Communication Officer auf Vorstandsebene einsetzt, doch nehmen diese häufig Public Relations- und Investor Relations-Funktionen und weniger Aufgaben der Marketingkommunikation wahr. In den USA hat dagegen fast jedes zweite DJ30- Unternehmen Marketing auf dem C-Level etabliert (3M, AT&T, Bank of America, Cisco Systems, Exxon Mobile, General Electrics, Hewlett-Packard, IBM, JP Morgan Chase, Kraft Foods, Microsoft, Travelers, Wal-Mart). Dabei gilt es allerdings zu berücksichtigen, dass US-amerikanische Unternehmen über ungefähr doppelt so viele Vorstandsmitglieder wie deutsche Unternehmen verfügen.
- Dass auf Vorstandsebene börsennotierter Unternehmen fast ausschliesslich Akademiker zu finden sind, überrascht nicht. Bemerkenswert ist hingegen die Tatsache, dass in Deutschland mehr als die Hälfte der Vorstandsmitglieder ein wirtschaftswissenschaftliches Studium (inklusive Wirtschaftsingenieurswesen, siehe auch Kapitel 13) abgeschlossen hat, während dies in der Schweiz und den USA nur bei jedem fünften Vorstandsmitglied der Fall ist. Dies widerspricht der häufig geäusserten Vermutung, dass die Vorstandsebene in Deutschland primär durch Ingenieure und Juristen geprägt sei.

Die Marketing- und Verkaufserfahrung der Vorstandsmitglieder ist überraschend hoch.

- In der Schweiz und in Deutschland hat ungefähr jedes vierte Vorstandsmitglied Marketing- und Verkaufserfahrung, beispielsweise aufgrund seiner vorhergehenden Aufgaben. Dies ist zwar weniger als in den USA (30%), doch widerlegt es die häufig geäusserte These, dass die operative Marketing- und Verkaufserfahrung auf Vorstandsebene häufig so gering sei, dass Marketing dort aufgrund fehlenden Marketing-Know-hows kein Gehör für seine Anliegen bekommen könne. Insgesamt kann eine starke Durchdringung der Vorstandsebenen mit Marketingkennt-

nissen konstatiert werden. Im Gegensatz zu der Schweiz und den USA ist allerdings in Deutschland die Verkaufserfahrung stärker als die Marketingerfahrung.
- Immerhin jeder dritte CEO in der Schweiz hat in seinen früheren Positionen Marketing- oder Verkaufsaufgaben wahrgenommen. Das sind sogar mehr als in den USA; dort hat knapp ein Viertel der Unternehmenschefs vorher in den Bereichen Marketing und Verkauf gearbeitet. Marketing und Verkauf sind somit ohne Zweifel Schlüsselfunktionen.

Können Frauen die Position des Marketing stärken?

- Ein 'Nebenresultat' der vorliegenden Studie offenbart allerdings den extrem geringen Anteil an weiblichen Vorstandsmitgliedern in den Unternehmen der drei untersuchten Indizes. Zum Stichzeitpunkt September 2010 konnte man den Anteil von Frauen mit Vorstandsfunktion in DAX-Unternehmen an einer Hand abzählen, und weder in der Schweiz noch in Deutschland gab es einen einzigen weiblichen CEO. Da Marketingfunktionen überdurchschnittlich häufig von Frauen wahrgenommen werden, könnte eine Erhöhung des Frauenanteils in Unternehmen indirekt auch die Stellung des Marketing positiv beeinflussen.

Fazit

Nutzt Marketing die Möglichkeiten?

Die empirischen Ergebnisse zeigen, dass die Stellung von Marketing und Verkauf bei börsennotierten Grossunternehmen nicht so gering ist, wie dies häufig behauptet wird. Zwar ist Marketing tatsächlich in den wenigsten Unternehmen ein eigenes Vorstandsressort und hat dadurch nur eingeschränkte Einflussmöglichkeiten auf Gesamtunternehmensebene. Andererseits verfügen sehr viele Vorstandsmitglieder und insbesondere auch CEOs über ausgeprägte Marketing- und Verkaufserfahrung, so dass berechtigte Marketinganliegen durchaus eine gute Chance auf Gehör zulassen. Mit anderen Worten: Die Position des Marketing ist zwar nicht exzellent, aber die Ausgangsbasis ist besser als vermutet. Interessant wird es sein, diese empirischen Analysen im Zeitverlauf fortzusetzen, um Veränderungen und Trends zu erkennen. (Inwieweit diese Ergebnisse auch für andere Unternehmen wie etwa KMU und Familienunternehmen zutreffen, müsste spezifisch untersucht werden.) Es liegt somit in der Hand des Marketing, seinen (künftigen) Einfluss auf Vorstandsebene mit den richtigen Initiativen zur Geltung zu bringen.

Schlüsselfragen für Entscheider

1. Ist Marketing in Ihrem Unternehmen organisatorisch als (Vorstands-)Ressort verankert? Welche Gründe gibt es für diese Entscheidung?
2. Wäre es möglich, den aufbauorganisatorischen Einfluss des Marketing durch eine gute Abstimmung von Marketing und Verkauf zu stärken?
3. Wie gelingt es sicherzustellen, dass möglichst viele Vorstandsmitglieder vor ihrer Berufung in den Vorstand umfassende Marketing- und/oder Verkaufserfahrungen sammeln können?
4. Wie kann man die geplante Erhöhung der Frauenquote auf Vorstandsebene mit einer Stärkung der Marketingposition verbinden?

Empfohlene Quellen

Day, G. S. (1994): The Capabilities of Market-Driven Organizations, in: Journal of Marketing, 58, October, pp. 37–52.

El-Idrissi, C. (2009): Der Fall der Marketingorganisation – Eine empirische Untersuchung der Strukturen, Einflussgrössen und Trends. Wiesbaden: Gabler.

Homburg, C./Workman, Jr. J. P./Krohmer, H. (1999): Marketing's Influence within the Firm, in: Journal of Marketing, 63, April, pp. 1–17.

McGovern, G./Quelch, J. A. (2004): The Fall and Rise oft he CMO, in: Strategy + Business, 37, pp. 45–51.

Nath, P./Mahajan, V. (2011): Marketing in the C-Suite: A Study of Chief Marketing Officer Power in Firms' Top Management Teams, in: Journal of Marketing, 75, January, pp. 60–77.

Nath, P./Mahajan, V. (2008): Chief Marketing Officers: A Study of Their Presence in Firms Top Management Teams, in: Journal of Marketing, 72, January, pp. 65–81.

Webster, F. E. (1997): The Future Role of Marketing in the Organization, in: Lehmann, D. R./Jocz, K. E. (Ed.): Reflections on the Futures of Marketing, Cambridge: Marketing Science Institute, pp. 39–66.

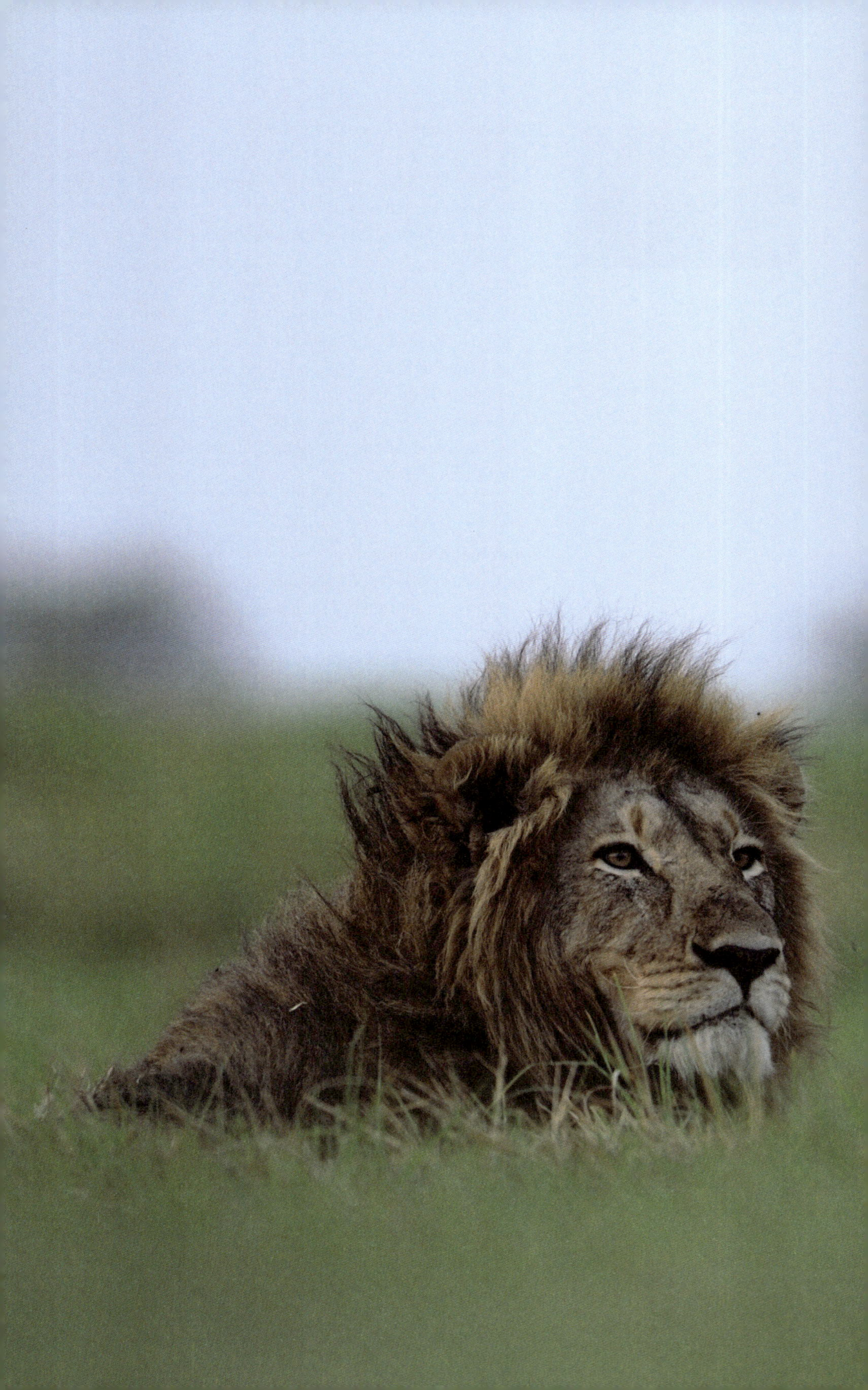

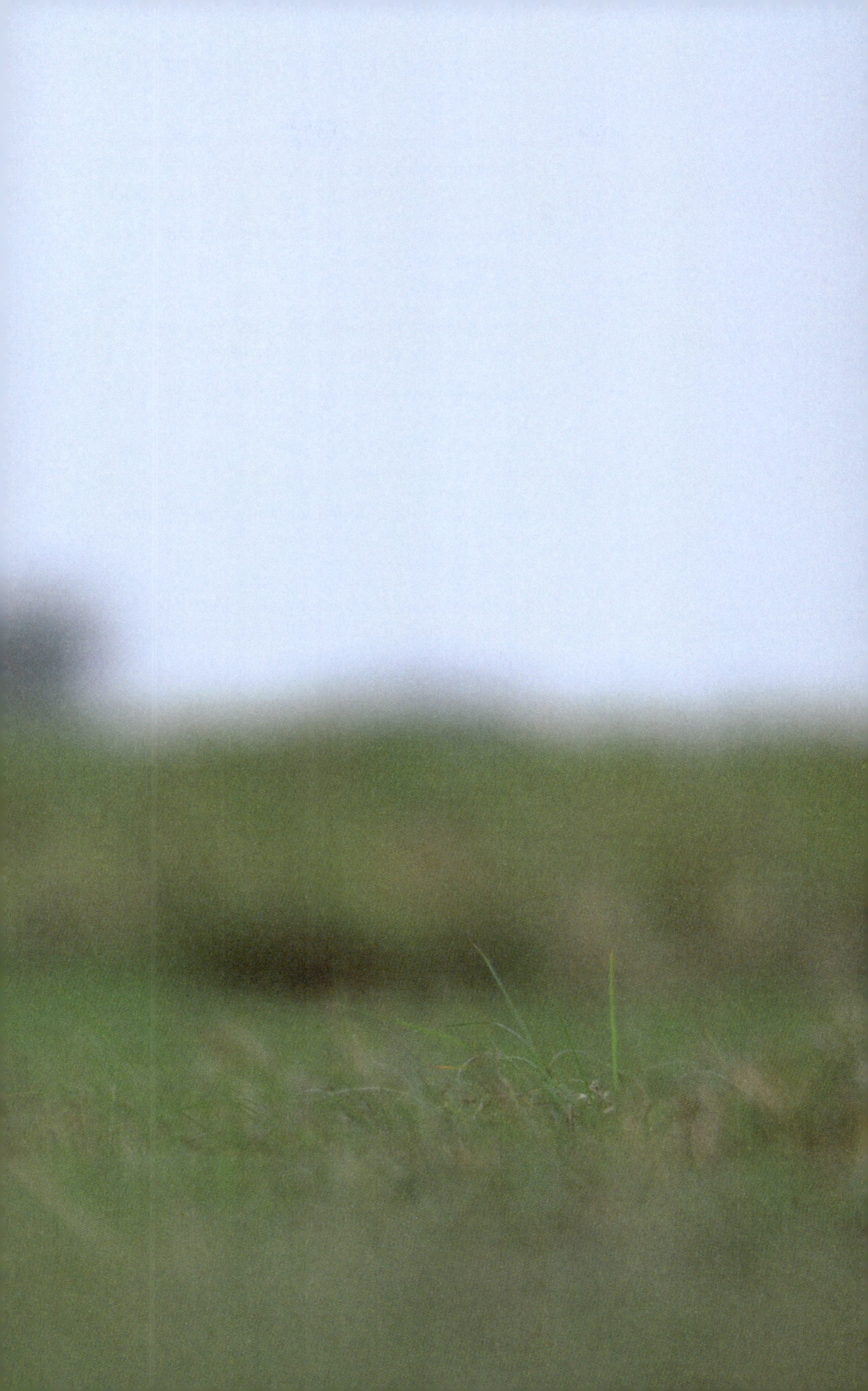

Strategische Handlungsfelder

6. **Auf dem Weg zum kundenzentrierten Unternehmen:** Rückbesinnung auf die Kerntugenden – wie bestimmen wir die Customer Centric Company der 2. Generation?

7. **Marketing zwischen Identifikationswelt und Handlungswelt:** Wie lässt sich das reale Marketing auf reales Kundenverhalten stützen?

8. **Social Media – Probieren geht über Studieren!** Ändern sich die Spielregeln im Marketing?

9. **Marketing goes Wallstreet:** Wie kann Marketing auf das vermeintliche Diktat von Börse und Financial Community eingehen? Lässt sich der Return on Marketing realisieren und belegen?

10. **'Hypes' und Innovationen im Marketing:** Wie muss sich Marketing zwischen Zukunftsdiskussion und erfolgreicher Innovation bewegen?

11. **Spannung zwischen Marketing und Vertrieb:** Lässt sich wirksames Marketing als Vertriebsunterstützung interpretieren?

6. Auf dem Weg zum kundenzentrierten Unternehmen

© Fischer/allvisions

Kundenzufriedenheit ist ein Mittel zum Zweck und kein Wert an sich!

'Marketing ist marktgerichtete und marktgerechte Unternehmenspolitik.' (Weinhold 1991)
Ein Satz, der vielen als erstes in den Sinn kommt, wenn man in Forschung und Praxis die Ausrichtung von Unternehmen auf ihre Märkte und Kunden diskutiert. So einfach dieses Postulat klingt, so schwer scheint allerdings die Umsetzung in der praktischen Arbeit für Unternehmen zu sein, wie ein weiterer, häufig zu vernehmender Satz zeigt: 'Der Kunde steht bei uns im Mittelpunkt – und damit immer im Weg.'

Kundenorientierung im Zeitalter des Shareholder Value – doch kein Widerspruch!?!

Scheinbar haben Projekte zur Kundenorientierung in früherer Zeit eher kontraproduktive Akzente gesetzt denn geholfen, Unternehmen erfolgreicher zu gestalten und zu führen. Um so verwunderlicher ist es, dass gerade zum Ende oder nach einer Krise Ansätze der Kundenorientierung unter den Schlagwörtern 'Customer Centricity' oder aber auch 'Customer Capitalism' wiederum betont und diskutiert werden. Dabei verweisen die Vertreter dieser Konzepte auf verschiedene Untersuchungen und Unternehmenserkenntnisse, die darauf hindeuten, dass ein kundenorientiertes Unternehmensverständnis zunehmend die einseitige Ausrichtung an den Aktienmärkten abzulösen scheint (Abbildung 6.1). Offensichtlich schafft Kundenwert den Unternehmenswert. Damit wird die Kundenorientierung (mit dem Ziel der Kundenzufriedenheit) zu einem Mittel zum Zweck der Steigerung des Unternehmenswerts und Marketing muss sich damit auch zwangsläufig als Instrument der Unternehmensführung verstehen – und entsprechend handeln!

Die hier dargestellten Erkenntnisse resultieren aus Projekten mit Unternehmen und Führungskräften zum Thema Customer Centricity. Im Mittelpunkt steht dabei weniger die Vermittlung eines geschlossenen Ansatzes, sondern vielmehr Hinweise, an Kunden- und Marktorientierung im Unternehmen praktisch zu gestalten. Dass dabei die Orientierung des gesamten Unternehmens an seinen Märkten oberste Priorität hat, erscheint selbstverständlich. Betrachtet man die praktischen Herausforderungen im Zusammenhang mit der Thematik 'Customer Centricity' genauer, dann lassen sich verschiedene Gestaltungsansätze erkennen.

Cumulative Returns: ACSI Top 20% Versus DJIA (1997–2003)ª

ACSI = 40%
DJIA = 21%
Total cumulative return

── ACSI
-- DJIA

ACSI: American Customer Satisfaction Index
DJIA: Dow Jones Industrial Average

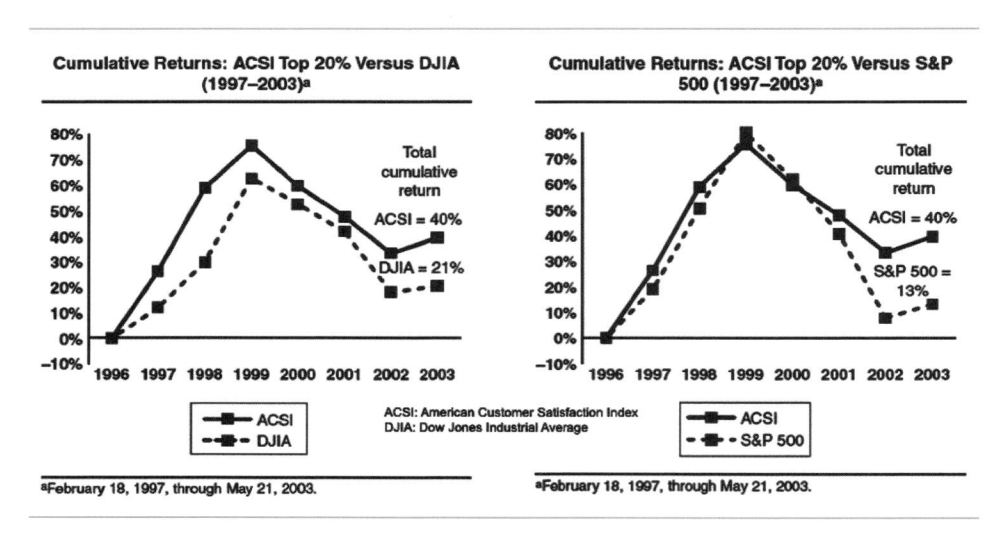

ªFebruary 18, 1997, through May 21, 2003.

Cumulative Returns: ACSI Top 20% Versus S&P 500 (1997–2003)ª

ACSI = 40%
S&P 500 = 13%
Total cumulative return

── ACSI
-- S&P 500

ªFebruary 18, 1997, through May 21, 2003.

Abbildung 6.1: Vergleich der kumulierten Einnahmen von Unternehmen im Dow-Jones-Industrial Average Index sowie dem Standard & Poors 500 Index und Unternehmen, die im American Customer Satisfaction Index zu den Top 20% gehörten (Fornell et al. 2006)

Märkte und Kundenbeziehungen müssen hinterfragt und neu definiert werden.

Unternehmen sind in mehr als einem Markt tätig
'What Business are we in?' ist eine der zentralen Schlüsselfragen der marktorientierten Unternehmensführung. Bereits vor mehr als 50 Jahren mahnten die Schriften von Theodore Levitt (1960) dazu, das eigene Geschäft nicht nur aus Sicht der aktuellen Produkte und Dienstleistungen zu betrachten. Im heutigen Verständnis gilt es jedoch, diese Perspektive zu erweitern. Analysiert man verschiedene Märkte und die Herausforderungen, denen Unternehmen sich gegenüber sehen, wird rasch deutlich, dass der eigentliche Beginn einer marktorientierten Ausrichtung noch vor der Definition der zu bedienenden Märkte beginnt. Ein aktuelles Beispiel dafür ist der Ansatz der 'Market Expansion Services' von DKSH.

DKSH – Market Expansion Services
Das Unternehmen DKSH wurde durch die Fusion von drei Schweizer Handelshäusern zu Beginn des neuen Jahrtausends aus der Taufe gehoben. Es entstand ein Dienstleister für Unternehmen, die ihre Aktivität in den asiatischen Raum ausdehnen wollen, aber denen das Know-how oder die

finanziellen Ressourcen fehlen. Verstanden sich die einzelnen Unternehmen noch als 'Diener' ihrer 'Principals' in Europa, so wurden die Beziehungen, Prioritäten und Rollen im neuen Unternehmen auf eine konzeptionelle Basis gestellt, der ein innovatives Dienstleistungsverständnis zugrunde liegt. Als sogenannter 'Market Expansion Service' übernimmt DKSH verschiedenste Funktionen in den asiatischen Märkten für seine Klienten: Vom Outsourcing logistischer Teilprozesse bis zu umfassenden Markterschliessungskonzepten betreut DKSH die Märkte gezielt für die europäischen Auftraggeber (Schletti 2009).

Maximale Lösungen treten gegenüber ausgewogenen Zugängen in den Hintergrund
Natürlich fällt es leicht, gedanklich ein gesamtes Unternehmen auf seine Märkte und Kunden auszurichten und sich zu fragen: 'Wie wären wir aufgestellt, wenn wir uns nur auf unsere Kunden und ihre Bedürfnisse fokussieren?' Dabei wird allerdings oftmals vergessen, dass Unternehmen immer noch primär eine Leistung erbringen müssen, um für ihre Kunden relevant zu bleiben.

Kundenorientierung ist nicht (nur) Key Account Management

> Key Account Management funktioniert dann, wenn es in ein umfassendes 'Smart Account Management' eingebunden ist. Sonst nimmt sich jeder Key Account und auch Small Account die Ressourcen, die er benötigt!

Ein mittelständisches High-Tech-Unternehmen in der Schweiz entschloss sich vor geraumer Zeit, seine Aktivitäten auf die wichtigsten Key Accounts zu fokussieren und alle Geschäftsprozesse auf deren erfolgreiche Betreuung auszurichten. Dazu wurden Gelder und Ressourcen auch aus der Forschung und Entwicklung in die Kundenbearbeitung und -betreuung umgeschichtet. In den ersten Jahren entwickelte sich die Zusammenarbeit derart positiv, dass man glaubte, auf dem richtigen Weg zu sein. Danach nahm aber die Zufriedenheit der Kunden rapide ab. Die Geschäftsbeziehung aus Sicht der Kunden erodierte, weil bisher einzigartige innovative Lösungen ausblieben. Die Innovationsfähigkeit, um Lösungen kundenspezifisch auf dem neusten technischen Stand anzubieten, fehlte inzwischen. Als Folge zogen sich verschiedene Schlüsselkunden zurück und im Kundenportfolio kam es zu einer Schieflage, die zu einer nicht mehr auszugleichenden Abhängigkeit von nur noch fünf Grosskunden führte. Erst erneute massgebliche Investitionen in Forschungs- und Entwicklungsaktivitäten halfen dem Unternehmen, seine profitable Basis zurückzugewinnen.

Im Rahmen von Customer Centricity-Initiativen kommt damit dem Kundenmanagement generell eine gewichtige Rolle zu. Gleichzeitig ist es jedoch auffällig, dass sich verschiedene Anbieter nicht mehr ausschliesslich auf ihre Gross- oder Key Accounts fokussieren. Sie erkennen, dass die Bearbeitung und Pflege profitabler Kundenbeziehungen differenziert zu gestalten ist. Neben dem Key Account Management erweist sich auch ein profitables Kleinkundenmanagement als 'Spielform' eines übergeordneten 'Smart Account Management'. Es gilt, über alle Kundengruppen hinweg ein ausgewogenes Portfolio an bestehenden und zukünftigen Kundenpotenzialen zu erschliessen und auszuschöpfen.

Dimensionen der Kundenorientierung

Kundenorientierung braucht ein Fundament: Produkt- und Vertriebskompetenz!

Zudem erscheint es notwendig, die organisatorische Ausrichtung am Kunden als eine Dimension der Customer Centricity unter anderen zu verstehen. So verlieren Regionen, Vertriebswege und auch die Produkte bzw. Dienstleistungen des Unternehmens zwar ihren Vorrang gegenüber der Kundenperspektive, sie bleiben jedoch weiterhin zentrale Stellhebel für den Unternehmenserfolg. Die zentrale Herausforderung besteht vielmehr darin, einen situativen Ausgleich zwischen den verschiedenen Dimensionen zu schaffen und damit einen unternehmensindividuellen Mix an markt- und kundenorientierten Massnahmen zu finden (Abbildung 6.2).

Wenngleich aus Marketingsicht vielfach ein 'More of the same' auf dem Weg zu einer Customer Centric Organisation erfolgversprechend erscheint, so mehren sich inzwischen sowohl in Unternehmen als auch in der Forschung die Anzeichen dafür, dass eine optimale Kundenorientierung einen Ausgleich zwischen den Interessen des Kunden und des Unternehmens schaffen muss. Nur wenn es gelingt, Vorteile (Wert bzw. Nutzen) für beide Seiten zu schaffen, ist Customer Centricity ein Konzept mit erfolgversprechender Wirkung. Typische Ansätze für Centricity-Projekte finden sich in der folgenden Abbildung 6.3.

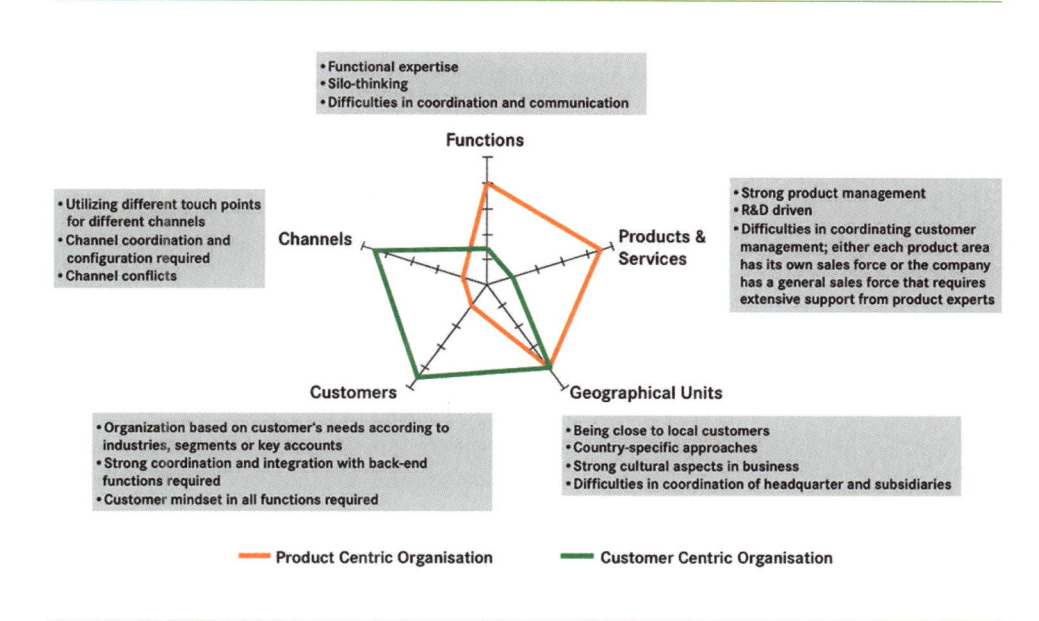

Abbildung 6.2: Relevante Dimensionen für den Aufbau eines kundenzentrierten Unternehmens (in Anlehnung an Belz 2007)

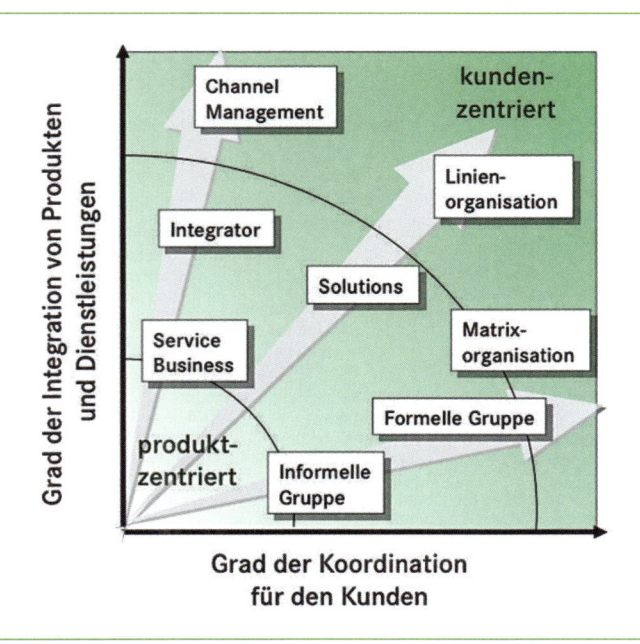

Abbildung 6.3: Ansätze für Customer-Centricity-Projekte (in Anlehnung an Galbraith 2005)

IBM ging einen langen Weg, um ein IT-Dienstleister zu werden.

'It's a journey, not a project'

Zwar hält sich immer noch hartnäckig die Ansicht, man müsse nur die Anreizsysteme des Managements auf markt- und kundenorientierte Key Performance Indicators ausrichten, dann resultiere bereits eine wirkungsvolle Kundenzentrierung. Analysiert man jedoch einige Best Practices der Markt- und Kundenorientierung genauer, gewinnt man eine wichtige Erkenntnis: Customer Centricity erfordert mehr als nur ein (Change-)Projekt. Betrachtet man den oft genannten Fall IBM näher, so wird in eindrücklicher Weise deutlich, dass der Wandel vom PC- und Rechner-Produzenten zum weltweit führenden IT-Dienstleister nicht nur mehr als zehn Jahre dauerte, sondern auch mehr als 13 verschiedene weltweite Initiativen umfasste (Abbildung 6.4). Zudem manifestierte sich der Gesamtprozess nicht auf der Basis einer zentralen vorab definierten Roadmap, sondern ist das Ergebnis eines andauernden unternehmensweiten Engagements der Führungsriege um den damaligen CEO Lou Gerstner.

Eigene Projekterfahrungen weisen in eine ähnliche Richtung. So zeigen verschiedene Programme der Kundenorientierung, die bereits vor etwa sieben Jahren angestossen wurden, erst heute eine nachhaltige Wirkung im Markt und im Unternehmensverständnis.

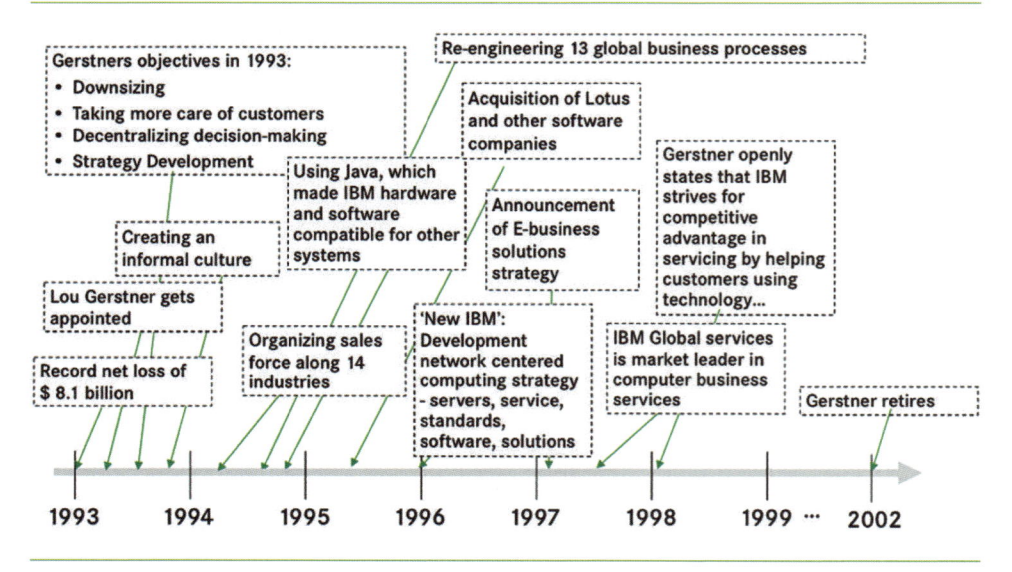

Abbildung 6.4: Der Weg von IBM zum IT-Dienstleister

Top-down reicht nicht – Die Mitarbeiter machen den Unterschied

Erfolgreiche Kundenzentrierung setzt nicht nur eine aktive Entscheidung des Top-Managements eines Unternehmens für diesen Weg voraus. Die erfolgreiche Realisierung hängt insbesondere vom Engagement und der Motivation der Mitarbeiter ab. Ansätze, die einem traditionellen Top-down-Verständnis folgen, versprechen nur bedingt Erfolge.

Top-down-Ansatz	Bottom-up-Ansatz
• Top-Management entscheidet • einheitliche Vorgehensweisen, klare Verantwortlichkeiten, effiziente und zentrale Konzeption • zentrale Konzeptentwicklung als Kern • Widerstand bei der Durchsetzung und Verwässerung • Federführung durch das zentrale Marketing	• Niederlassungen und Einheiten entscheiden • heterogenes Vorgehen, aufwendige Multiplikation von einzelnen Erfolgen • differenzierte Marktbearbeitung als Kern • hohe Glaubwürdigkeit durch Frontbewährung • Multiplikation von dezentralen Pilotprojekten
Realisierung ist der kritische Erfolgsfaktor	**Verbreiterung der Anwendung ist kritisch**

Abbildung 6.5: Top-down- und Bottom-up-Ansätze (in Anlehnung an Belz 1998, S. 607)

Servicestandards- und Prozesse sind Korsette die oft zu eng sind

In vielen Fällen erkennen Unternehmen zu spät die Bedeutung ihrer Mitarbeiter und der Mitarbeitermotivation für den Erfolg. Insbesondere, wenn es darum geht, Servicestandards im Kundenkontakt zu definieren, greifen Anbieter immer wieder auf Ansätze der Prozessstandardisierung à la McDonalds oder Starbucks zurück. Sie definieren Verhaltensregeln derart starr, dass das Engagement der Mitarbeiter auf ein reines Befolgen vorgegebener Regeln reduziert wird. Dabei vernachlässigen diese Ansätze sowohl das Potenzial ihrer Mitarbeiter als auch die Vielfalt, die kundenorientierte Leistungen erfordert. Sicherlich, für einen Hamburger oder einen Kaffee sollten starre Prozessdefinitionen ausreichen; für ein individuelles Beratungsgespräch hingegen sind individuellere Fähigkeiten notwendig. Schlagworte wie Empowerment und Unternehmertum bilden den Raum der Herausforderungen im Personalbereich nur holzschnittartig ab. Im Kern müssen Unternehmen ein kundenorientiertes Verhalten ermöglichen, das sowohl den Führungskräften als auch den Mitarbeitern die Handlungsspielräume eröffnet, aus eigener Initiative aktiv zu werden (siehe hierzu Morhart et al. 2009).

Insofern gilt es, gerade die Mitarbeiter in den Prozess aktiv, gezielt und frühzeitig einzubinden. Zumindest sollten Initiativen der Kundenorientierung sowohl Top-down als auch Bottom-up abgesichert sein.

Schlüsselfragen für Entscheider
- Wie gewichten Sie in Ihrem Unternehmen die Märkte auf denen Sie aktiv sind? Setzen Sie Prioritäten?
- Welche Dimensionen können Sie stärken, um kundenorientierter zu werden (Regionen, Vertriebswege, Produkte, Kundengruppen)?
- Welche Projektinitiativen tragen heute schon dazu bei, damit sich Ihr Unternehmen morgen auf den Kunden fokussiert?
- Welche Phasen und Stufen der Kundenorientierung erkennen Sie für Ihr Unternehmen? Welche Initiativen sind notwendig? Welche versprechen den grössten Hebel?
- Wie lassen sich die Mitarbeiter für die Kundenorientierung am besten motivieren? Wie kann eine Eigendynamik entstehen, die das Commitment der Mitarbeiter gezielt einbindet?

Empfohlene Quellen
Belz, Ch. (2007): Organisation und Spezialisierung für ein innovatives Marketing, in: Belz, Ch./Schögel, M./Tomczak, T.: Innovation Driven Marketing. Wiesbaden: Gabler, S. 363–427.

Belz, Ch. (1998): Akzente im innovativen Marketing. St.Gallen: Thexis.

Fornell, C./Mithas, S./Morgeson, F.V./Krishnan, M.S. (2006): Customer Satisfaction and Stock Prices: High Returns, Low Risk, in: Journal of Marketing, 70, No. 1, pp. 3–14.

Galbraith, J. (2005): Designing the customer-centric organization, a guide to strategy, structure, and process. San Francisco: Jossey Bass.

Levitt, T. (1960): Marketing Myopia, Harvard Business Review, 1960, 38, 4, pp. 45–56.

Morhart, F.M./Herzog, W./Tomczak, T. (2009): Brand-Specific Leadership: Turning Employees into Brand Champions, in: Journal of Marketing, 2009, 73, No. 5, pp. 122–142.

Schletti, B. (2009): Alle reden von Krise – DKSH merkt nichts, in: Tagesanzeiger, 13.05.2009.

Tomczak, T./Kuss, A./Reinecke, S. (2009): Marketingplanung – eine Einführung, 6. Auflage. Wiesbaden: Gabler.

Weinhold-Stünzi, H. (1991): Marketing in 20 Lektionen, 21. Auflage. St.Gallen: Fachmed.

7. Marketing zwischen Identifikationswelt und Handlungswelt

© Fischer/allvisions

Es ist normal, dass Menschen nicht tun, was sie vorhaben; bei vielen Möglichkeiten sowieso.

In umkämpften Märkten kaprizieren sich Anbieter darauf, ihre Leistungen begehrenswert zu machen. Marken und Emotionen in Bilderwelten sind ein Schlüssel. Einstellungen des Kunden führen aber immer weniger zum Verhalten. Identifikationen münden nicht in Handlungen. Wirksames Marketing muss sich deshalb nahe an der Handlungswelt des Kunden bewegen. Manche klassischen Bereiche des Marketing verlieren dabei drastisch an Gewicht.

Reales Marketing stützt sich auf reales Kundenverhalten, ist handlungsorientiert und bewegt sich bei der Interaktion mit Kunden. Lösungen werden eher Bottom-up und dezentral entwickelt als Top-down umgesetzt.

Marketing muss sich verändern, um sich erfolgreich in den neuen Bedingungen zu bewegen. Dann steigt auch der Einfluss.

Neue Bedingungen im Marketing

Neue Schwerpunkte des Marketing ergeben sich aus drei Blickrichtungen, wie Abbildung 7.1 zeigt (siehe zu diesem Abschnitt Belz 2011). Die Spirale deutet eine laufende Verstärkung der Trends an. Es folgen aus allen Perspektiven übereinstimmende Schlüsse.

In kurzer Form lassen sich diese Bedingungen wie folgt beschreiben:

1. **Marketing nach der Krise:** In Krisen stellen Unternehmen ihr Marketing auf den Prüfstand. Gremien der Geschäftsleitung gehen mit dem Marketing weder grosszügig noch hoffnungsfroh um, sondern fordern Ergebnisse. Es gilt, das Verhältnis von Einsatz zu Wirkung massgeblich zu verbessern. Ende 2009 befassten wir uns mit 3 Fragen für das Marketing: 1) Was wirkt jetzt?; 2) Was wird nie mehr sein, wie es war? und 3) Was bleibt? (Belz et al. 2010). Die empirischen Ergebnisse (mit einer Stichprobe von 218 Unternehmen verschiede-

ner Branchen) zeigten Budgetkorrekturen und Stossrichtungen für die Zukunft. Die Interpretationen sind dabei wie folgt:

Während und nach der Krise wurden die Marketingbudgets gekürzt. In und nach Krisen gewinnen alle Instrumente, die rasch Umsatz bringen. Weniger schöne Kampagnen; mehr reales Marketing; mehr dezentrales Marketing – alles, was nahe an der Interaktion mit Kunden ist; mehr Vertrieb; mehr Kundenservice; mehr Direktmarketing; mehr Kundenevents. Verlierer ist beispielsweise die Medienwerbung.

Die zukünftige Stossrichtung ist geprägt durch:

- Substanzielles Geschäftsmodell stärken – Leistung, Kundenbeziehung, Erträge.
- Back to Basics im Marketing – weniger zersplittertes und additives und nicht nur schönes Marketing.
- Vertriebsstärke – Leistungsfähigkeit des Unternehmens in die Interaktion mit Kunden bringen (Präsenz, Prioritäten, Support, Kundenerschliessung, rasche Produkteinführung).

Damit verlagern sich die Anstrengungen des Marketing kurz- und mittelfristig zum Kunden. Top-down-Ansätze der Markenführung, Positionierung und Segmentierung verlieren an Gewicht.

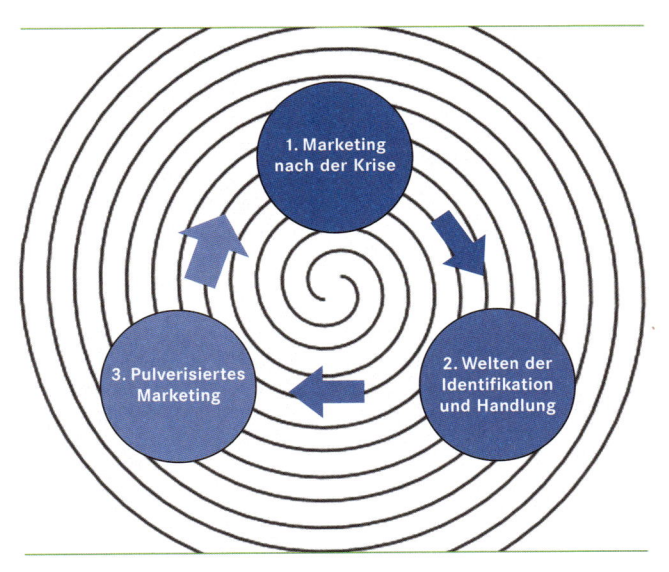

Abbildung 7.1: Drei Bedingungen für das Marketing

'Ich weiss nicht, wann wir den Bezug zur Realität und das Interesse daran verloren haben, aber irgendwann wurde beschlossen, dass die Wirklichkeit nicht die einzige Option sein könne, dass es möglich, ja wünschenswert sei, sie zu verbessern; dass man sie durch ein angenehmeres Produkt ersetzen könne'
(Ada Louise Huxtable, The unreal America, in: De Winter, Leon: Der Himmel von Hollywood, Roman, Zürich: Diogenes 1998).

2. **Welten der Identifikation und Handlung:** Wer Marketing beobachtet, erkennt leicht zwei Welten (nach Rutschmann 2011):
   - **Welt der Identifikation:** Die Identifikationswelt stützt sich auf Marktforschungen und damit auf die Interpretationen des Kunden über sein eigenes, angestrebtes Verhalten. Marketing antwortet mit Einzigartigkeit, Ästhetik, positiven Gefühlen oder anerkannten Werten. Ansätze sind Markenführung, Positionierung und Segmentierung. Oft ist diese Welt in Werbespots oder Kundenzeitschriften anzutreffen. In Segmentierungen werden Kunden in klare und attraktive Gruppen aufgeteilt. Auch das Management identifiziert sich gerne mit dieser erfreulichen Welt und versucht in komplexen Organisationen Top-down die neuen Werte und Bilder durchzusetzen.
   Identifikationswelten, umgesetzt mit Marken und Werbung, üben eine hohe Faszination aus, sie geben besonders den Entscheidern in den Zentralen das gute Gefühl, die Märkte zu schaffen und zu gestalten. Sie sind spektakulär und auch überall sichtbar.
   Nur nimmt die Anziehungskraft von Identifikationen für den Kunden laufend ab, wenn auch die Scheinwelten des Marketing für alle Beteiligten attraktiv bleiben. Mit Identifikationswelten gehen die Entscheider vom ungeschriebenen Gesetz aus, dass mögliche Kunden allgemein, breit und möglichst früh im Informationsprozess motiviert werden sollen. Damit werden viele Menschen erreicht, die später immerhin kaufen könnten. Zwischen der breiten Kommunikation und dem Kaufakt klafft aber meistens eine Lücke.
   - **Welt der Handlung:** Die Handlungswelt konzentriert sich auf das reale Verhalten der Kunden. Vom beobachteten Fernsehspot im Sofa zu Hause bis zur Kaufhandlung manche Tage später im Geschäft legt der Kunde einen langen Weg mit vielen Zwischenschritten zurück. Die Wahrscheinlichkeit wird immer kleiner, dass sich der Kunde durch die Werbung mit einem Angebot identifiziert und sich folgerichtig zum Kauf bewegt. Bei jedem Schritt entstehen für den Kunden andere Möglichkeiten und er kann den Prozess abbrechen. Marketingansätze der Handlungswelt sind Transaktionsdaten, Mikro-Verhaltensprozesse oder Testergebnisse. Das

Marketing wirkt direkt, plump und manipulativ. Anzutreffen ist es in der Handelswerbung, im Direktmarketing und im persönlichen Verkauf.

Mitarbeitende sind herausgefordert, die Kundenprozesse Bottom-up zu gestalten. Auch Marketing in der Handlungswelt kann früh im Informations- und Entscheidungsprozess des potenziellen Kunden ansetzen. Nur verfolgt es den Weg des Kunden lückenlos bis zum Kauf.

Aus den parallelen Aktivitäten in Identifikations- und Handlungswelt entsteht, was Rutschmann ein doppelbödiges Marketing nennt (Rutschmann 2011, S. 197 ff.). Abbildung 7.2 zeigt das Beispiel von Philips in der Identifikationswelt (links) und Handlungswelt (rechts auch mit einem Philipsprodukt in der Werbung des Händlers Fust).

Abbildung 7.2: Identifikations- und Handlungswelt am Beispiel Philips

Zwar mögen manche Verantwortliche das Marketing in der Handlungswelt ablehnen oder nur deshalb widerstrebend zulassen, weil es tatsächlich wirkt. Wir gehen aber davon aus, dass die Handlungswelt das Marketing zukünftig dominieren wird. Dabei ist es wahrscheinlich anspruchsvoller, sich in der Handlungswelt erfolgreich zu bewegen, als klassisches Marketing zu betreiben. 'Schlecht auszusehen' genügt nicht für wirksame Kommunikation, es braucht dazu langfristige Professionalität.

Inzwischen verlagern manche Anbieter ihre Hauptanstrengungen in die Handlungswelt. Konkrete Kauferlebnisse festigen die Marke weit stärker als aufwändige Kampagnen. Selbst erfolgreiche Mode-Labels wie Zara, Desigual oder Gusto nutzen kaum mehr klassische Werbekampagnen, sondern konzentrieren sich auf die inszenierten Begegnungsorte zwischen ihren Produkten und den Kunden. Auch Google oder Facebook setzen auf die umgekehrte Ursache-Wirkungsbeziehung zwischen Marke und Kauf. Die Nutzungserfahrung der Kunden schafft die Marke, statt umgekehrt, wie oft behauptet.

Es provoziert die Fachexperten in Unternehmen, die Scheinwelt des Marketing zu relativieren. Generationen von Absolventen und Absolventinnen von Marketingseminaren bis zu den Studierenden an den Fachhochschulen und Universitäten lernten, wie wichtig Identifikationswelten sind und befassten sich mit der Wirkungsweise von Marken. Im heutigen Umfeld der umkämpften Märkte und Multioptionen für Kunden folgern sie meistens, dass die Begeisterung und Identifikation des Kunden nochmals intensiv gesteigert werden muss. Überhöhte Erlebniswelten für Kunden sind jedoch kaum mehr mit vernünftigem Aufwand möglich. Zudem entfernen sich die Erlebnisse von der Leistungswelt; unversehens sind Unternehmen in Unterhaltungsmärkten tätig, die sich kaum auf ihre Umsätze auswirken. Zudem sind Identifikationswelten (wie erwähnt) schön, angenehm, unbelastet und offen. Das Marketing in der Handlungswelt stützt sich auf reale Bedingungen, die auch die professionelle Arbeit kanalisieren.

3. **Pulverisiertes Marketing:** Wir leben in einer Zeit des additiven Marketing. Was sollten Marketingverantwortliche nicht alles tun? Sponsoring, Community Marketing, Seniorenmanagement, nachhaltiges Marketing; das sind wenige Beispiele von mehr als 140 Innovationsfeldern, die wir inzwischen unterscheiden (Belz/Schögel et al. 2007). Das Sortiment der Ansätze im Marketing wird rasch breiter und tiefer. Additives Marketing zersplittert, verstrickt und entkräftet sich. Pulverisiertes Marketing ist auch Folge der Ratlosigkeit und Unsicherheit von Verantwortlichen.

Alles geht, lautet die Devise.

Verantwortliche tun gut daran, sich mit den Chancen und Gefahren der Marketingkomplexität auseinander zu setzen und sie wirksam zu beeinflussen. Denn Vielfalt erleichtert oder verhindert Geschäfte und erhöht den Aufwand.

In den heutigen Märkten nimmt die Wurfweite des Marketing ab. Typisch das Beispiel, welches Burda Direct beim Besuch unserer Gruppe 'Dialogmarketing revisited' am 21.6.2006 präsentierte: Auf eine doppelseitige Anzeige im Stern erzielte man 4 Jahre nach der Einführung von 'Geo' (1960) 8% Response für ein Probe Abonnement, bezogen auf die Auflage. Im Jahr 2006 lautete die entsprechende Zahl: 0.003%. Damit reduzierte sich die Wirkung um den Faktor 2'700. Dieser Trend setzte sich seither fort.

Folgerungen für das Marketing

Die Folgerungen aus Krise, Handlungs- und Identifikationswelt sowie einem pulverisierten Marketing führen zu einer ähnlichen Quintessenz: Die abnehmende Wurfweite des Marketing erfordert mehr Substanz, eine geschlossene Logik, mehr dezentrale Bottom-up Aktivitäten, mehr handlungsorientiertes und kundennahes Marketing. Abbildung 7.3 zeigt die Ansätze.

Die schlechte Botschaft: Handlungsorientiertes Marketing macht mehr Arbeit. Mit Werbekampagnen lassen sich leichter grosse Budgets ausgeben.

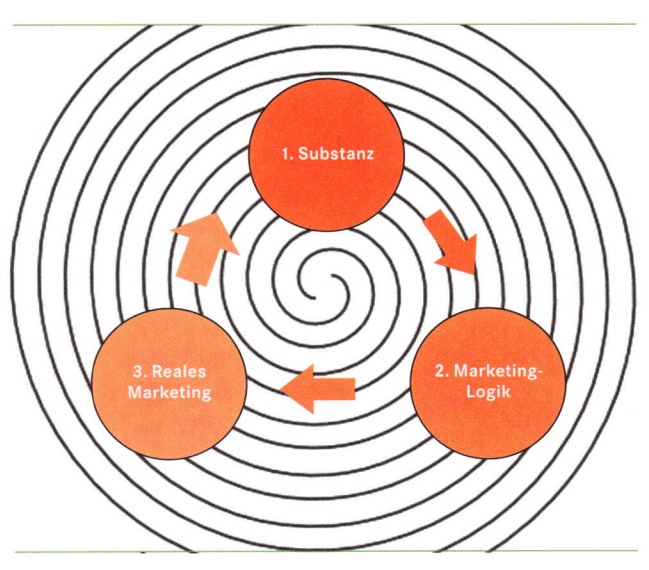

Abbildung 7.3: Drei Folgerungen für das Marketing

Diese drei Folgerungen beschreiben wir kurz wie folgt:

1. **Substanz:** Die Substanz des Marketing wird im Gesamtunternehmen begründet. Geschäftsmodell, Leistung, Kundenzugang und Kommunikation sind die wichtigen Bereiche. Versucht Marketing die fehlenden Kunden- und Wettbewerbsvorteile eines Unternehmens zu kompensieren, ist es nie tragfähig: pfiffige Kommunikation ebenso wenig wie neue Kommunikationsinstrumente. Marketing kümmert sich oft zu wenig um den Transfer der überlegenen Leistung zum Kunden und zu viel um Werbung. Abbildung 7.4 zeigt die frühe Analyse von Gossage zur Situation der Kommunikation.

Was würde fehlen, wenn es Ihr Angebot auf dem Markt nicht mehr gäbe?

Substanz in der Kommunikation

Howard Gossage (1967, S. 25 und 184) meinte in seinem Buch – ist die Werbung noch zu retten:
'Wenn Sie etwas von Belang zu sagen haben, brauchen Sie weder viele Menschen anzusprechen – denn nur die Ihrer Meinung nach Interessierten kommen in Betracht – noch müssen Sie es häufig wiederholen...
Die Werbung hat sich als Gewerbe nicht merklich gebessert – wenn möglich hat sie sich verschlechtert – aber ihre Erzeugnisse sehen jeden Tag besser aus...
Die meiste Werbung will sichergehen, will nie eine eigene Meinung wagen, und daher wird sie zu einer Art augenloser Maske, die wirksam verhindert, dass die Menschen dahinter mit den Menschen davor sprechen – oder sie auch nur sehen.'

Abbildung 7.4: Substanz in der Kommunikation

Was das Marketing manchmal vergisst: Es genügt nicht anders zu sein, der Anspruch ist besser und für den Kunden wichtig. Einzigartigkeit ist oft überschätzt.

In der Kommunikation geht es um die Botschaft für interessante Kunden und Beeinflusser. Leider wird über Inhalte zu wenig und über neue Medien zu viel geredet. Dabei wird der Kunde besonders in frühen Phasen der Informationsprozesse kraftvoll durch sehr generische Nutzenkategorien getrieben. Die Feinheiten der Unique Selling Proposition greifen kaum. Es geht um die wirksame Umsetzung des Kernnutzens.

2. **Marketinglogik (Belz 2010, S. 7 ff.):** Die Marketinglogik bezeichnet, wie das Marketingsystem eines Unternehmens funktioniert und wirkt. Die Marketinglogik prägt die Gewichte der Lösungen, die Spielregeln im Unternehmen, die Ressourcen und Fähigkeiten, die Budgetprozesse sowie die angewendeten Erfolgskriterien. Die Erkenntnis:

Pulverisiertes Marketing ist entkräftet.

Das Marketing funktioniert bei verschiedenen Anbietern sehr unterschiedlich. Die Marketinglogik beeinflusst stark, welche zusätzlichen Lösungen im Marketing zum Unternehmen passen und die bestehenden Stärken noch mehr fördern.

Viele Marketing-Innovationen sind möglich, aber nur wenige passen zum Unternehmen. Erst wer die eigene Marketinglogik kennt, setzt richtige Prioritäten und verschwendet keine Budgets im Marketing. Damit entsteht aus dem zersplitterten Marketing (wieder) eine Erfolgsmaschine.

Je nach Aufgabe des Marketing im besonderen Markt sind verschiedene Logiken des Marketing geeignet. So stützen sich besonders datenreiche Anbieter mit vielen erfassten Kundentransaktionen und längerfristigen Beziehungen (etwa Banken und Versicherungen) auf eine Logik des Customer Relationship Management. Die Anbieter komplexer Lösungen (etwa für Maschinen, Anlagen, Engineering) konzentrieren sich auf eine Vertriebslogik. Manchmal wählen aber auch direkte Wettbewerber verschiedene Logiken. Während Dell die Informatik- und PC-Branche mit seinem E-Business herausforderte, setzen etablierte Anbieter wie HP und andere auf ein Multichannel-Management mit einem starken indirekten Vertrieb. Unternehmen setzen erfolgreich verschiedene Prioritäten im Marketing; auch in der gleichen Branche. Oft ist die Ausbildung und Herkunft der Verantwortlichen ausschlaggebend, manchmal wählen Unternehmen ihre Logiken zufällig, prägen damit aber das erfolgreiche zukünftige Vorgehen. Logik hat nicht nur mit dem Fit zur Situation, sondern ebenso mit Konsequenz zu tun. Abbildung 7.5 zeigt einige Logiken im Überblick.

Diese Marketinglogiken unterscheiden sich massgeblich durch die Nähe zur Kundeninteraktion. So entsprechen die Logiken 8 und teilweise auch 9 und 11 eher einem starken, zentralen Marketing-Service und die Logiken 10 und 12 sind näher am Vertrieb. Die Logiken 5, 10 und 12 entspringen eher einem Bottom-up-Vorgehen, während der Rest stärker durch Top-down-Ansätze geprägt sind. Bottom-up-Ansätze laufen Gefahr, sich im Alltag und im operativen Geschäft zu verlieren. Top-down-Ansätze können den Anschluss an reale Interaktion mit Kunden und das Alltagsgeschäft verlieren. Deshalb ist immer eine Kombination erforderlich, auch wenn wir überzeugt sind, dass die Bottom-up-Ansätze gegenwärtig gewinnen.

Logiken des Gesamtunternehmens prägen auch das Marketing		Logiken des Marketing	
1 Logik der Rentabilisierung	4 Logik der Organisation	7 Logik des innovativen Produktanbieters	10 Logik des Customer Relationship Management
2 Logik der Kooperation	5 Logik des Empowerment	8 Logik der Markenführung	11 Logik der Kommunikation, des E-Marketing und Crossmedia
3 Logik der Internationalisierung	6 Logik des Solution Providers	9 Logik des Customer Fokus und der Segmentierung	12 Logik des Vertriebs

▬ Mögliche Gewichtung und Kombination der Logiken   ★ Bottom-up-Logiken

Abbildung 7.5: Logiken für Gesamtunternehmen und Marketing

Vollständiges Marketing ist out.

Marketinglösungen lassen sich nicht beliebig kombinieren; oft konkurrenzieren sie sich und schwächen sich gegenseitig. Angestrebt sind in sich schlüssige und selektive Marketingsysteme und kein additives Marketing, welches jedes neue Buzzword aufgreift. Vollständiges Marketing ist gefährlich; Marketingsysteme und -schwerpunkte sind besser. Dazu brauchen wir aber systematische, in sich geschlossene Marketingansätze und nicht einen reichhaltigen Blumenstrauss möglicher Einzelinstrumente. Erfolgreiche Unternehmen und Führungskräfte entwickeln eine starke Sensibilität dafür, wie das Marketing bei ihnen funktioniert. Forscher im Marketing brauchen neue Ansätze, die nicht nur sorgfältig ausgeschiedene Teillösungen erfassen.

Es zeichnen sich auch Logiken ab, die zukünftig sehr kraftvoll wirken können. Beispielsweise fördert und nutzt Inbound Marketing konsequent die Initiative des Kunden (Belz 2011, S. 107 ff.). Immer wenn der Kunde agiert, ist das Volltreffermarketing; falls der 'Response' des Unternehmens stimmt, entstehen keine Streuverluste. Social Media erleichtern die Kundeninitiative.

Auch reales Marketing ist eine kraftvolle Logik.

3. **Reales Marketing (Belz 2011):** Einige Ansätze für reales Marketing lassen sich wie folgt charakterisieren. Eine Kombination ist wichtig.

- **Mikro-Kundenverhaltensprozesse als Basis für kaufprozessorientiertes Marketing (Rutschmann 2005):** Mit der Verhaltensanalyse lassen sich die zahlreichen Schritte des Kunden von frühen Erfahrungen, erstem Interesse bis zum Kauf und Wiederkauf erfassen und analysieren. Solche Verhaltensanalysen zeigen oft 40 und mehr Zwischenschritte des Kunden bis zum Kauf, wobei er bei jedem Schritt fortfahren oder abbrechen kann. Aufgabe des Marketing ist es, diese Prozesse zu fördern, Hemmer abzubauen und Verstärker zu stützen. Das Marketing orientiert sich an Handlungen des Kunden, ist prozessorientiert und etappiert. Der Ansatz ist anspruchsvoll und grundsätzlich: Es gilt, die Marketing-Innovation konsequent auf die Prozessoptimierung auszurichten.
- **Analytisches Customer Relationship Management als Basis für Kundenselektion und Bearbeitung (Belz 2011, S. 35 ff. und 69 ff.):** Die Informationen des Unternehmens über Transaktionen der Kunden sind real. Es handelt sich um konkrete Handlungen und Käufe der Kunden. Mit Data Mining lassen sich Muster der Kaufprozesse erkennen und beispielsweise mögliche Zusatzangebote für Kunden, gefährdete Kunden usw. bestimmen. Kundentransaktionen lassen sich dabei auch mit weiteren Kundeninformationen anreichern, wie sie in verschiedenen betriebsübergreifenden Datenbanken von Dienstleistern bereit gestellt werden. Inzwischen lässt sich mit Web Mining auch verfolgen, wie sich Kunden tatsächlich im Internet bewegen. Auch daraus lassen sich gezielte Marketingaktivitäten ableiten, etwa durch die Erfassung von 'heissen Kunden', durch ihre Transaktionen.

  Die Ansätze, um reales Kundenverhalten zu erfassen, sind aufwändig. Gleichzeitig lässt sich aber die bisherige Marktforschung in Unternehmen bereinigen. Mindestens 50% sind meist unnötig. Zudem ergeben sich gute Bezüge zur Verhaltensforschung.
- **Interaktionsmodelle statt Segmentierung:** Das Verhaltensrepertoire des Kunden erweitert sich. In der gleichen Produktkategorie informiert er sich einmal extensiv, ein anderes Mal kauft er spontan; einmal beansprucht er viel Service, ein anderes Mal macht er alles selbst; einmal zahlt er viel, ein anderes Mal wählt

Die Sicherheit der Verantwortlichen durch Marktforschung ist trügerisch.

> Viele Unternehmen sind über die Wirkung von Segmentierungen enttäuscht.

er das billigste Angebot. Wohl deshalb funktionieren Segmentierungen immer weniger. Der Kunde lässt sich nicht in eine Gruppe einteilen, sondern kauft situativ. Folgerichtig gilt es in Zukunft, dem Kunden verschiedene Zusammenarbeits- oder Interaktionsmodelle als Alternativen anzubieten. Im Extremfall wird das gleiche Produkte in einer schlanken bis zu einer extensiven Zusammenarbeit angeboten, und der Kunde wählt aus fünf Intensitätsstufen selbst, was gerade passt und zahlt auch verschiedene Preise. Solche Nutzenalternativen lassen sich gezielt kommerzialisieren und beenden die Mischrechnungen, mit denen Kunden Dinge zahlen, die sie nicht brauchen und Anbieter Dinge leisten, die der Kunde nicht zahlt. Die eigene Wahl durch Kunden beendet die falschen Zuteilungen. Dieser Ansatz ist zukunftsträchtig und richtig, aber anspruchsvoll. Herausforderungen sind interne Komplexität, Lernprozess und Akzeptanz des Kunden, Kundenakzeptanz sowie Preisdifferenzierung.

> Manche Unternehmen unterhalten ihre Kunden, aber der Bezug zu ihrem Geschäft fehlt.

- **Kundenevents:** Als Instrument können Events, Fabrikbesuche und Messen den Kunden besonders nachhaltig beeinflussen. Wer die Welt der Schokolade bei Cailler erlebt hat (Eröffnung 2010), erinnert sich genau an den Parkplatz, den Weg zum Eingang, den Empfang, die Museumobjekte, die Bilder, den Duft, den Einkauf. Solche Erlebnisse werden langfristig erinnert und wirken stark; sie lassen sich unmöglich durch allgemeines und unpersönliches Marketing erreichen. Events in verschiedenen Formen sind ein kraftvoller Ansatz für reales Marketing, vorausgesetzt, sie bewegen sich nicht nur in einer inszenierten Unterhaltungswelt, sondern verbinden Identifikation und Handlung. Nahtlos lassen sich diese Hinweise zu allen Formen des 'Point of Sale' weiterentwickeln. Auch die Standorte im Einzelhandel wirken umfassend.
- **Tests:** Oft lässt sich erst mit Tests prüfen, welche Marketing- und Vertriebsansätze funktionieren. Unternehmen brauchen eine Testkultur. Sie brauchen ein differenziertes Testportfolio, um Konzepte, Aktionen, neue Beratungsgespräche oder Werbevarianten zu prüfen. Analogien zu Produkttests können ergiebig sein. Vielleicht gibt es auch ein Rapid Prototyping im Marketing.

Diese Forderung ist nicht leicht einzulösen. Marketing ist in manchen Unternehmen bedrängt. In dieser Situation werden Marketingleute dazu neigen, nicht auszuprobieren, sondern neue Lösungen auszurollen. Tests werden als Schwäche interpretiert, weil Verantwortliche offenbar nicht beurteilen können, was funktioniert. Tests sind aber wichtig und auch professionell.

Diese Ansätze zeigen deutlich: Fein ausgedachte Konzepte sind keine Grundlage für ein professionelles Marketing der Zukunft. Es geht dabei um nichts weniger, als verbreitete Erklärungen zu verlassen, wie Marketing offenbar funktioniert. Abschied vom Branding ist ein Teil (Rutschmann 2011). Zukünftig setzen erfolgreiche Unternehmen ihre Marketingprioritäten neu.

Für Business-to-Business Unternehmen scheint reales Marketing die gegenwärtige Vorgehensweise gut abzubilden. Hier erkennen wir die Herausforderung für Unternehmen, dass sie mit einem vermeintlichen Nachholbedarf im Marketing nicht die Fehler der Business-to-Consumer-Anbieter wiederholen.

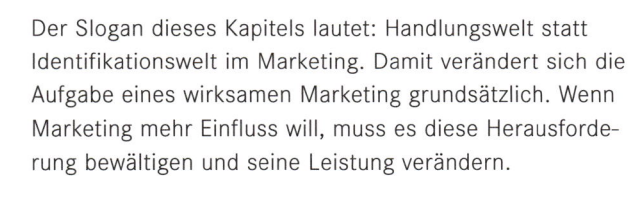

Der Slogan dieses Kapitels lautet: Handlungswelt statt Identifikationswelt im Marketing. Damit verändert sich die Aufgabe eines wirksamen Marketing grundsätzlich. Wenn Marketing mehr Einfluss will, muss es diese Herausforderung bewältigen und seine Leistung verändern.

© Fischer/allvisions

Bevorzugter Lebensraum der Löwen ist die Savanne. Sie leben aber auch in Trockenwäldern und Halbwüsten.

Schlüsselfragen für Entscheider

1. Wie erfasst das Unternehmen das reale Kundenverhalten? Auf welche Marktforschung lässt sich verzichten?
2. Welche neuen Gewichte ergeben sich für ein reales und handlungsorientiertes Marketing?
3. Prägen Logiken des Gesamtunternehmens die Marketingarbeit? Welche Lead-Ansätze und -Instrumente setzt das Unternehmen im Marketing ein und welche Ansätze sollen die gewählte Logik unterstützen?
4. Wie lässt sich eine erkannte Logik des Marketing und Vertriebs intern klar kommunizieren, verstärken und professionalisieren?
5. Ist es nötig, eingespielte Marketinglogiken zu erneuern, weil sie sich erschöpfen und den zukünftigen Unternehmenserfolg nicht mehr sichern?

Empfohlene Quellen

Belz, Ch. (Hrsg.) (2011): Innovationen im Kundendialog. Wiesbaden: Gabler.

Belz, Ch. (2010): Auf der Suche nach der richtigen Marketinglogik, in: Marketing Review St.Gallen, Nr. 6, S. 7–17.

Belz, Ch. (2009): Marketing gegen den Strom. St.Gallen: Thexis und Index.

Rutschmann, M. (2011): Abschied vom Branding – Wie man Kunden wirklich ans Kaufen führt. Wiesbaden: Gabler.

Rutschmann, M. (2005): Kaufprozesse von Konsumenten erkennen und lenken. Landsberg a. L.: mi-Fachverlag.

8. Social Media – Probieren geht über Studieren!

© Fischer/allvisions

Interaktive Medien und mobile Kommunikation beeinflussen das Marketing nachhaltig, da sie einen direkten Rückkanal schaffen und Unternehmen so zum Dialog mit den Konsumenten befähigen. Mit der Möglichkeit zur Interaktion ändert sich insbesondere die Rolle des Kunden: Der Konsument emanzipiert sich aus seiner passiven Nutzerrolle und agiert nun als Sender und Empfänger einer Botschaft zugleich. Das Marketing muss sich dieser Herausforderung stellen. Wenn es gelingt, neue Zugänge zum Kunden aktiv zu nutzen, dann nutzt das auch dem Kompetenznachweis des Marketing!

Wer sich im Internet engagiert, hat die Möglichkeit, mit den Konsumenten in einen neuartigen Dialog zu treten. Interaktive Kommunikationsformate erlauben den direkten, individualisierten Austausch und passen ideal zur aktiven Nutzerrolle des neuen Konsumenten in der 'On-demand'-Welt. Dieses oftmals noch ungenutzte, aber erfolgversprechende Potenzial der Unternehmens-Kunden-Interaktion haben zahlreiche Unternehmen erkannt und verschieben die Werbebudgets immer stärker von den klassischen Medien hin zu interaktiven Formaten (Müller et al. 2010).

Der Hype könnte nicht grösser sein.

Kaum zu übersehen ist bei diesem Kommunikationswandel der Hype um soziale Interaktionsplattformen wie Facebook oder aber auch die Microblogging-Plattform Twitter. Kaum eine Woche vergeht, ohne dass neue Konzepte entstehen und Erfolgsbeispiele für Social Media-Kampagnen in den Medien auftauchen; von entsprechenden Seminar- und Kursangeboten kaum zu schweigen. Einige Beobachter fühlen sich bereits an die Zeiten der New Economy um die Jahrtausendwende erinnert. Andere weisen auf den zunächst steilen Aufstieg der Plattform 'Second Life' und deren raschen Fall (nach der 'sauren Gurken-Zeit') im Spätsommer 2008 hin.

Ansätze im interaktiven Marketing

Das Marketing sollte die interaktiven Medien als Chance verstehen. Problematisch wird es aber, wenn neue Konzepte 'blind' übernommen und unreflektiert als ein neues Paradigma verstanden und für das eigene Marketing übernom-

> 'Wichtig sind in Zukunft Marketingstrategien im Bereich Social Networking. Dialog mit den Kunden auf Augenhöhe anstatt Diktat oder Penetration, wird immer wichtiger'
> (Uwe Tännler, Präsident Swiss Marketing, Olten).

men werden. Vielfach ist eher eine gesunde Skepsis geboten. Neue Medien bieten Kunden und Partnern einen direkten Zugang zum Unternehmen. Dabei gelten die Grundregeln einer vernetzten Kommunikation, in der die Stimme des Unternehmens nur eine unter vielen ist. Zugleich fordert die Interaktion zwischen den Nutzern und mit den Kunden eine höhere Flexibilität sowie ein offenes Eigenverständnis der Unternehmen. Sowohl die Art und Weise wie kommuniziert wird als auch die Inhalte werden nicht mehr vom Anbieter vorgegeben, sondern lassen sich (im Idealfall) gerade noch 'zur Diskussion' stellen.

Unterscheidet man nach der 'Richtung der Interaktion', dann lassen sich zwei zentrale Dimensionen herausarbeiten (Abbildung 8.1).

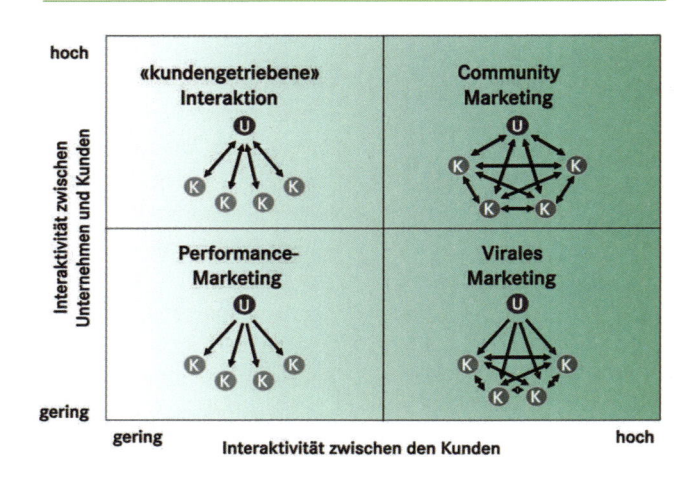

Abbildung 8.1: Ansätze für das interaktive Marketing und den Umgang mit Social Media-Plattformen (Schögel 2009)

> Multilaterale Interaktion stellt den Nutzer in den Mittelpunkt. Die Unternehmen werden zu Randfiguren.

Zum einen bieten die interaktiven Medien einem Unternehmen die Möglichkeit, in einen verstärkten Austausch zu treten und sich damit aus einer primär einseitig geprägten Kommunikation in einen wechselseitigen sowie gleichberechtigten Dialog mit den Kunden zu begeben. Damit wird einerseits dem neuen Kommunikationsverständnis der Konsumenten Rechnung getragen, andererseits bietet die freiwillige Hinwendung der Kunden, Unternehmen die Möglichkeit von deren Know-how zu profitieren sowie latente

Bedürfnisse aufzudecken. Zu berücksichtigen ist allerdings, dass Anbieter und Unternehmen nur bedingt attraktive Kommunikations- und Interaktionspartner für den Kunden darstellen. Vielfach erweist sich gerade der direkte Austausch mit Gleichgesinnten als zentraler Anreiz für den Kunden, sich in Social Networking Sites wie Facebook, XING oder aber auch LinkedIn zu engagieren.

'Das Ergebnis eines Dialogs ist offen'
(Hans Röglin).

Analysiert man die einzelnen Felder der Matrix näher, so wird deutlich, dass mit den verschiedenen Ansätzen im Interaktiven Marketing jeweils spezifische Herausforderungen verbunden sind (Schögel et al. 2008):

- **Performance Marketing:** Dieser Ansatz kommt dem klassischen Marketingverständnis noch am nächsten, gilt es doch, das eigene Angebot mittels Search Engine Marketing (SEM) und Search Engine Optimization (SEO) auffindbar zu machen. In einer höheren 'Ausbaustufe' sind dann auch aktiv gesteuerte Werbeeinblendungen möglich, die auf das bisherige Surf- und Nutzungsverhalten der individuellen Kunden abgestimmt sind. Derartige Behavioral Targeting-Ansätze erfordern jedoch eine intensive Auseinandersetzung mit dem Kunden sowie seinem Surfverhalten und stellen weit höhere Anforderungen als die Auswahl richtiger Schlagwörter.
- **Kundengetriebene Interaktion:** Während der Versuch zum Dialog mit dem Kunden in den klassischen Medien noch vom Anbieter initiiert wird, drehen sich die Vorzeichen im Internet. Hier übernimmt vielfach der Kunde das Zepter und fordert einen aktiven Meinungsaustausch mit dem Unternehmen ein. Klassische Direct Marketing-Ansätze verlieren in diesem Kontext rasch ihre Wirkung. Ein aktives Permission Marketing sowie die Bereitstellung interaktionsgerichteter Kommunikationskanäle stellen die Basis für einen langfristigen vom Kunden ausgehenden Dialog dar. Geht man einen Schritt weiter, so lässt sich die Interaktion mit dem Kunden auch aktiv nutzen, um neue Ideen für die Kommunikation oder die Produktweiterentwicklung zu generieren. Derartiger User Generated Content bietet Unternehmen die Möglichkeit, auf authentische Inhalte zurückzugreifen, deren Glaubwürdigkeit und Originalität klassische anbietergetriebene Ansätze durchaus in den Schatten stellt.

- **Virales Marketing:** Dieser Ansatz nutzt die Initiative von Kunden und Nutzern als Basis für eine laterale und vernetzte Kommunikation. Insbesondere das Internet ermöglicht den vielfach propagierten Übergang vom 'Word-of-Mouth' zum 'Word-of-Mouse': So bieten interaktive Medien den Unternehmen und Kunden auf Basis des Internets die Möglichkeit, Informationen, Meinungen und Inhalte in kürzester Zeit 'viral' zu verbreiten. Für die Unternehmen besteht die Herausforderung jedoch insbesondere darin, einen nicht allzu offensichtlichen Werbeinhalt mit virulentem Charakter zu kreieren, der dennoch witzig und originell genug ist, damit er von der Zielgruppe freiwillig weitergeleitet wird (Schögel et al. 2010).
- **Communities:** Diese sozialen Netzwerke entstehen auf Initiative von Konsumenten, die sich mit ihrem Engagement gewissermassen 'freiwillig' an ein Unternehmen oder einen Anbieter binden. Communities zeichnen sich insbesondere dadurch aus, dass die Mitglieder in kontinuierlicher Interaktion miteinander stehen und über die Zeit ein sehr starkes Zusammengehörigkeitsgefühl entwickeln. Vielfach erweisen sich Communities dabei als derart eigenständig, dass bereits die Kontaktaufnahme durch einen Anbieter als negative Beeinflussung angesehen wird. Dementsprechend besteht die Herausforderung für das Marketing nicht in der direkten Kontaktaufnahme mit einer Community, sondern in der ungerichteten Unterstützung der Gemeinschaft, ohne sie direkt zu beeinflussen (sogenanntes Enabling).

Kontrollverlust vs. Erreichbarkeit

Vergleicht man die hier nur im Überblick (Abbildung 8.2) vorgestellten Ansätze miteinander, so wird deutlich: Je mehr die Interaktion zwischen den Kunden zunimmt und vernetzte Kommunikationsstrukturen aktiv genutzt werden, desto geringer sind die Möglichkeiten für einen Anbieter, aktiven Einfluss auf die Kommunikationsprozesse zu nehmen. Zwar bieten interaktive Medien den Vorteil, durch die vernetzte Kommunikation Inhalte rasch und breit zu verteilen sowie den Kunden in die Unternehmensaktivitäten einzubinden, jedoch bedeutet ihr Einsatz vielfach einen massgeblichen Kontrollverlust und abnehmenden Einfluss auf die Inhalte und Kommunikationsmuster.

Marketingleute kontrollierten bisher auch nur Inhalt und Abwicklung der Kampagnen und nie die Wirkung auf Kunden. Das Phänomen 'Kontrollverlust' ist nicht so neu.

Ansatz Kriterien	Performance Marketing	kunden-getriebene Interaktion	virales Marketing	Community Marketing
aktive und zielgerichtete Ansprache	hoch	mittel	gering	gering
Treffer-wahrschein-lichkeit	hoch	mittel	mittel	hoch
Nutzt die Vernetzung	gering	gering	hoch	hoch
generiert Mehrwert für den Kunden	gering	hoch	hoch	hoch

Abbildung 8.2: Beurteilung der Wirkung unterschiedlicher Ansätze im interaktiven Marketing

Weniger Strategie, mehr Experimente!

Vor dem Hintergrund der Eigenschaften und dem Spektrum möglicher Ansätze kann der Einsatz interaktiver und sozialer Medien in verschiedener Hinsicht den Einfluss des Marketing stärken:

- Gezielte Ansprache der relevanten Nutzer und Kunden: Richtig eingesetzt, ergeben sich neue Möglichkeiten der Kundenansprache, die für den Nutzer eine grössere Relevanz besitzen als die traditionelle Einweg-Kommunikation.
- Direktes und 'ungefiltertes' Feedback der Kunden: Die Offenheit der Medien bietet den Kunden vielfältige Aktions- und Reaktionsmöglichkeiten, ohne sich dabei nach Unternehmensvorgaben zu richten. Zugleich bieten seine Datenspuren im Internet vielfältige Hinweise auf sein reales Kundenverhalten.
- Innovative Kundenzugänge und Services: Der Austausch zwischen den Kunden sowie die technologischen Möglichkeiten bieten neue Potenziale, den Kunden einzubinden oder aber auch Aufgaben an ihn zu delegieren.

Gelingt es Unternehmen, diese Potenziale zu heben, so werden wichtige kundenbezogene Erkenntnisse gewonnen, die den Anbieter näher an seine Kunden heranführen können. Vielfach wird dabei (fast reflexartig) der Ruf nach einer 'Interaktiven Marketing- oder Social Media-Strategie' laut. Einige Beobachtungen der letzten Zeit lassen diese Forderung jedoch als äusserst fragwürdig erscheinen.

Experimente helfen Wissen zu generieren.

Sicherlich stellt sich die grundsätzliche Frage, in welchen Medien und Plattformen ein Unternehmen sich engagieren soll. Dabei wird jedoch häufig vernachlässigt, dass diese Angebote und Dienste für sich selbst noch nicht in der Lage sind, ein tragfähiges Geschäftsmodell aufzuzeigen. Zudem darf die Dynamik, mit der neue Konzepte entstehen, nicht unterschätzt werden. Fast wöchentlich entstehen neue interaktive Ansätze. Daher gilt es zunächst einmal, erste Engagements zu identifizieren, aus diesen Piloten Erfahrungen zu sammeln und erst im Anschluss weitere Engagements zu entwickeln.

© Fischer/allvisions

BMW und seine Social Media-Aktivität

Bereits früh war der Automobilhersteller BMW auf der Plattform Second Life engagiert. Zwar nicht mit einem Shop, aber mit einem 'BMW-Meetingroom', der für virtuelle Sitzungen gegen einen geringen Betrag in Linden Dollar gebucht werden konnte. Auf der Höhe des Hypes um Second Life stieg BMW aus seinem Engagement aus, da die Erfahrungen zeigten, dass soziale Interaktionen im Netz zwar einen massgeblichen Mehrwert für Marke und Unternehmen leisten konnten, andere Ansätze (wie damals schon Facebook sowie auch StudiVZ) dem realen Verhalten von Kunden aber näher kamen als der virtuelle Markplatz der Linden Labs. Durch das Engagement in Second Life gelang es BMW frühzeitig im Umgang mit Interaktionsplattformen Erfahrungen zu sammeln, Lernprozesse anzustossen und damit einen Wissensvorsprung zu gewinnen.

Unsere Projekte mit Unternehmen zeigen: Die strategische Stossrichtung ist nicht der Engpass. Vielmehr fehlt das Wissen über den Umgang mit sozialen Plattformen und Diensten. Insofern erscheint es aus heutiger Sicht geboten, eher in erste Versuche und Experimente zu investieren als eine langfristige Social Media-Strategie zu verfolgen.

'Hier Medium – wo Problem' ist selten der richtige Zugang.

Des weiteren fällt auf, dass es heute kaum noch um den isolierten Einsatz neuer Medien gehen kann. Sowohl im Arbeitsalltag als auch in der Freizeit verschmelzen Online- und Offline immer mehr. Nicht zuletzt durch mobile Applikationen werden Internetanwendungen zunehmend Teil des täglichen Lebens. Ebenso führen neue Endgeräte wie Tablet-

PC's zu einer intensiven Verbreitung interaktiver Inhalte. Daher darf es nicht um isolierte Ansätze gehen, sondern es muss gelingen, medien- und kanalübergreifende Zugänge zu finden. Gerade aktuelle Kommunikationskampagnen zeigen, dass erst die Integration von Facebook und Twitter mit klassischen Massnahmen die richtige Wirkung erzielt.

Viralen Kampagnen fehlt vielfach die Virulenz.

Vor diesem Hintergrund gilt es, den Einsatz interaktiver Kommunikationsinstrumente aus Unternehmenssicht abzuwägen. Insbesondere sollte zunächst analysiert werden, in welchem Umfang sich über diese Medien attraktive Kundengruppen erreichen lassen. So lässt sich für den deutschsprachigen Raum festhalten, dass zwar ein Grossteil der Bevölkerung das Internet nicht nur aktiv nutzt, sondern auch Soziale Medien immer mehr Verbreitung finden. So sind es nicht mehr nur Jugendliche, die Facebook nutzen – bereits heute sind 50% der registrierten Nutzer über 35 Jahre alt. Ebenso ist es ein Trugschluss, der 'Silver Generation' die Internet-Kompetenz abzusprechen. Beispielsweise nutzen sie finanzdienstleistungsorientierte Angebote intensiver als jüngere Kundengruppen.

Wenngleich die interaktiven Möglichkeiten des Netzes verlockend erscheinen, so darf dies nicht darüber hinwegtäuschen, dass der kreative Inhalt als ein zentrales Nadelöhr bestehen bleibt. Zwar können virale Kampagnen über verschiedene Plattformen für unterschiedliche Kundengruppen treffsicher lanciert werden. Erweist sich der Inhalt aber als uninteressant und lässt er die sogenannte Stickyness vermissen, wird kein Schneeballeffekt entstehen. Der Virus schlummert dann unbeachtet im Netz.

Fanseiten sollten auch von Fans gestaltet werden.

Zudem ist auch zu berücksichtigen, dass Anbieter und Unternehmen nur bedingt attraktive Kommunikations- und Interaktionspartner für den Kunden sind. Vielfach erweist sich nicht der Dialog mit dem Unternehmen, sondern der direkte Austausch mit Gleichgesinnten als zentraler Anreiz für den Kunden, sich zu engagieren. So sind Fanseiten von Unternehmen mit nicht mehr als drei Fans (dem Marketingleiter, dem Werbeleiter und dem Agenturchef) keine Seltenheit. Vielfach sind Facebook-Seiten von Mitarbeitern oder aber auch Fans deutlich beliebter als Fanseiten von Agenturen.

Kunden steuern einen grossen Teil des Aufwands.

Vor allem das Management der interaktiven Marketingansätze fordert Unternehmen derzeit massgeblich. Wenn auch mit einer Werbebudgetverschiebung von 20-30% in Richtung des Internets vielfach ein deutliches Zeichen gesetzt wird, so unterschätzen die Anbieter oft den Managementaufwand. Interaktive Ansätze erfordern neue Herangehensweisen an Marketingthemen – nicht selten liegt die tatsächliche 'Management Attention' über 50%. Hinzu kommt, dass interaktive Kampagnen sich meist nur dann als wirkungsvoll erweisen, wenn sie mit klassischen Ansätzen medienübergreifend 'crossmedial' verknüpft werden. Dazu sind Fragen des Leitmediums und der Ergänzungsmedien ebenso zu klären, wie die zeitliche Abstimmung der Inhalte.

Schlüsselfragen für Entscheider

Für den erfolgreichen Einsatz der interaktiven und sozialen Medien sollten folgende Fragen beantwortet werden:
1. Welche Einsatzmöglichkeiten für Social Media erkennen Sie in Ihrem Unternehmen?
2. Wie können Social Media-Aktivitäten die Position des Marketing stärken?
3. Welche Veränderungen im Umgang mit den Kunden (und Partnern) ergeben sich daraus?
4. Welche Potenziale bieten Social Media Ihrem Unternehmen?
5. Welche 'Experimente' helfen Ihnen bereits mittelfristig, die richtigen Erfahrungen zu sammeln?

Empfohlene Quellen

Bauer, H.H./Grosse-Leege, D./Rösger, J. (2008): Interactive Marketing im Web 2.0+, 2. Auflage. München: Vahlen.

Bernhoff, J./Schadler, T. (2010): Wie Service 2.0 funktioniert, in: Harvard Business Manager, 32, Nr. 9, S. 22-32.

Hennig-Thurau, T./Malthouse, E.C./Friege, C./Gensler, S./Lobschat, L./Rangaswamy, A./Skiera, B. (2010): The Impact of New Media on Customer Relationships, in: Journal of Service Research, 2010, 13, 3, pp. 311-330.

Meckel, M./Stanoevska-Slabeva, K. (2008): Web 2.0: Die nächste Generation Internet. Baden-Baden: Nomos.

Müller, C./Müller, R./Pagella, A./Schaarschmidt, L./ Sengera, J. (2010): German Entertainment and Media Outlook: 2010–2014. Die Entwicklung des deutschen Unterhaltungs- und Medienmarktes. Frankfurt: Fachverlag Moderne Wirtschaft.

Schögel, M./Dörr, F./Herrhausen, D. (2010): Kritische Erfolgsfaktoren für die Akzeptanz von viralem Marketing, in: Schüller, A.M./Schwarz, T. (Hrsg.): Leitfaden WOM-Marketing. Waghäusel: marketing-BÖRSE, S. 27–37.

Schögel, M. (2009): Interaktives Marketing und neue Medien – Kunden und Communities treiben die Inhalte, in: Marke 41, Nr. 2, S. 14–19.

Schögel, M./Walter, V./Herrhausen, D. (2008): Interaktive Marketingkommunikation – Herausforderungen und Chancen für Konsumgüterhersteller, in: Belz, Ch./Schögel, M./Arndt, O./Walter, V. (Hrsg.): Interaktives Marketing – neue Wege zum Dialog mit Kunden. Gabler: Wiesbaden.

Walsh, G./Hass, B.H./Kilian, T. (2010): Web 2.0: Neue Perspektiven für Marketing und Medien, 2. Auflage. Berlin: Springer.

9. Marketing goes Wallstreet

Sprache der Macht ist in börsennotierten Unternehmen häufig die Sprache der Finanzen. Wertorientierte Unternehmensführung, Shareholder Value und Kapitaleffizienz sind dominierende Schlagworte.

Da börsennotierte Kapitalgesellschaften zumeist 'profitables Wachstum' anstreben, müsste dem Marketing eigentlich eine Schlüsselstellung zukommen. Woran liegt es jedoch, dass häufig das Gegenteil beklagt wird und Marketingbudgets stark gekürzt werden? Wie sollten Marketingführungskräfte auf die dominierenden kapitalmarktorientierten Anspruchsgruppen eingehen? Wie gelingt es, den finanzwirtschaftlichen Wertbeitrag des Marketing aufzuzeigen?

© Fischer/allvisions

Dieses Kapitel wurde massgeblich von Lydia Ebersbach mitverfasst, die sich in Ihrer Dissertationsschrift mit der Bedeutung des Themas Marketing für börsennotierte Unternehmen auseinandersetzt. Herzlichen Dank!

Ausgangslage und Situationsanalyse: Shareholder Value als Maxime der Unternehmensführung

Seit den 90er Jahren ist im deutschsprachigen Raum eine zunehmende Orientierung der Unternehmen am angloamerikanischen Modell der Unternehmensführung zu beobachten, bei dem Aktionäre im Mittelpunkt stehen und der Shareholder Value zentrale Zielgrösse des Managements ist. Damit geht eine schleichende Abkehr von dem hier lange Zeit dominierenden Modell des so genannten 'Rheinländischen Kapitalismus' einher, der viel stärker den Ausgleich der unterschiedlichen Stakeholderinteressen sucht (Avery 2005, S. 117). Immer mehr Unternehmen fokussieren heute auf den Börsenkurs, messen Erfolg an Marktkapitalisierung und incentivieren ihre Manager mit Aktienoptionen.

'The marketing function at most companies is usually willing to violate its own fundamental precepts to satisfy management's demands for short-term results. By doing so, however, marketing damages its own ability to deliver sustainable, long-term results' (Sheth/Sisodia 1995, S. 12).

Der Grad der Finanzmarktorientierung variiert von Unternehmen zu Unternehmen. Insbesondere Unternehmen mit dominanten, finanzorientierten Anteilseignern stehen unter weitaus grösserem Druck, eine kontinuierlich positive, wachstumsorientierte Börsenperformance zu liefern als solche mit strategisch orientierten Mehrheitsaktionären (etwa Familien oder Stiftungen). Doch auch Minderheitsaktionäre können mit den Methoden des 'Shareholder Activism' erheblichen Einfluss auf die Unternehmensführung nehmen. Manche Unternehmen wie beispielsweise Hilti zogen sich aus diesen und anderen Gründen ganz von der Börse zurück (Going Private). Aufsehen erregte auch der

> 'The stock exchange is on the brink of becoming a game of roulette that unfortunately diverges all too frequently from economic reality' (Porsche 2000/1, S. 5).

damalige CEO der Porsche AG, Wendelin Wiedeking, als er bekannt gab, dass Porsche keine Quartalsberichte mehr veröffentlicht (wahrscheinlich ohne zu wissen, wie zutreffend sich seine Begründung erweisen würde).

Mit der wachsenden Bedeutung börsenrelevanter Geschäftszahlen hat sich auch der Einfluss von Finance und Accounting innerhalb der Unternehmen verstärkt. In diesen Kompetenzbereichen entstehen die Geschäftsberichte, auf deren Basis Analysten und Fondsmanager ihre Empfehlungen formulieren bzw. Investmententscheidungen treffen. Ihre Standards in Bezug auf die Beurteilung und Quantifizierung von Erfolg setzten sich durch. Demgegenüber hat das Marketing in vielen Unternehmen seine strategische Verantwortung gegenüber solchen Funktionen aufgegeben, die nicht unmittelbar auf den Kunden fokussieren (Webster 1997). Dieser Bedeutungsverlust ist selbstverschuldet, resultiert er doch zum Teil aus der Weigerung, den Wertbeitrag des Marketing in die Sprache der Finance-Fachleute und Accountants zu übersetzen (Lukas et al. 2005). Verstärkt wird die geschwächte Position des Marketing noch dadurch, dass das Marketingmanagement sich kurzfristigen Managementanforderungen zur schnellen Beeinflussung des operativen Ergebnisses kaum widersetzt.

Das Institut für Marketing führte eine explorative Studie mit dem Ziel durch, konkrete Effekte der stetig wachsenden Börsenorientierung zu beschreiben (ausführlich Ebersbach/Reinecke 2008). Insgesamt wurden 17 Interviews geführt, davon zehn mit Marketing- bzw. Verkaufsleitern börsennotierter DAX-30- oder Dow Jones-Unternehmen. Die Interviews wurden offen geführt, um möglichst ungefilterte und unbeeinflusste Erfahrungen und Eindrücke zu erhalten. Aus der Vielzahl von Erkenntnissen, die im Rahmen der Studie generiert wurden, sollen hier drei zentrale Konsequenzen der Börsennotierung auf das Marketing vorgestellt werden.

Veränderte Spielregeln der Marketingplanung und -budgetierung

> Zunächst werden die Zahlen definiert, dann erst überlegt man, wie man sie erreichen kann.

Die Zielsetzung im Marketing beginnt neu mit der Frage nach dem von der Börse geforderten Mass an Wachstums- und Profitabilitätssteigerung. Dies verändert nicht nur die Zielsetzungen, sondern auch die Controlling- und Budgetierungsprozesse. Die Führung der SAP AG hat beispielsweise als klare Zielvorgabe eine Verdopplung der Marktkapitalisierung von 2005 bis 2010 gesetzt (SAP 2006). Um dieses Ziel zu erreichen, mussten neue Zielgruppen (Mittelstand) definiert und entsprechende Produkte entwickelt werden. Planung und Zieldefinierung verändern sich in ihrer Abfolge. Nicht länger steht zunächst die Befriedigung von Kundenbedürfnissen als solches im Zentrum. Kunden und Produkte werden immer mehr Mittel zum Zweck gelingender Börsenperformance.

Eine zentrale Rolle wird den Analysten aus Banken und Ratingagenturen zuteil. Ihr Urteil über die zu erwartende Performance hat Gewicht. 'Das ist ein relativ brutales Spiel. Die Analysten setzen die Spielregeln und sagen dem Vorstand relativ deutlich, wie viel Umsatz, Profit usw. sie erwarten. Das wird dann in die Ländereinheiten und bis auf die einzelnen regionalen Einheiten runter gebrochen und in Zielvorgaben übersetzt. Erreicht man dann statt der vorgegebenen Rendite 2% weniger, dann ist das eine Katastrophe und man wird sofort an der Börse abgestraft', berichtete der COO Marketing & Sales eines DAX-30 Unternehmens. Mit den Bemühungen, die Analystenerwartungen zu erfüllen, geht eine Intensivierung von Planungs- und Controllingprozessen einher. Viele Marketing- und Verkaufsleiter beklagten in den Interviews den stetig steigenden administrativen Aufwand, der die eigentliche Aufgabe des Marketing bisweilen völlig dominiert.

'Ich bin mir sicher, dass wir nach einem Going Private als Unternehmen noch viel erfolgreicher wären, dass wir gesünder wachsen würden. Das, was im Moment passiert, hat mit Nachhaltigkeit nichts mehr zu tun' (Topmanager eines DAX-30 Unternehmens).

Nicht selten wechseln in Unternehmen häufig die Prioritäten, wird je nach Notwendigkeit entweder Umsatz, Deckungsbeitrag, Marktanteil oder Volumen als Ziel notwendiger Ad hoc-Massnahmen definiert (Sheth/Sisodia 2005, S. 12). Insbesondere gegen Quartalsende häufen sich die Telefonkonferenzen, in denen die nationalen, regionalen und lokalen Einheiten Rechenschaft darüber ablegen müssen, welche Massnahmen sie ergreifen werden, um die Vorgaben einhalten zu können. Das ohnehin kontinuierliche 'Sales Monitoring' wird verschärft, 'Tracking-Meetings' werden abgehalten, um bis ins Detail über noch zu erwartende Umsätze informiert zu sein. Neben der permanenten Erfolgskontrolle ist auch der zeitliche Aufwand für Planung und Budgetierung von Marketingmassnahmen gestiegen. Tendenziell nimmt die rollende Planung und Budgetierung über die nächsten Quartale gegenüber der mehrjährigen Langfristplanung an Bedeutung zu. Dass das Marketingbudget am Jahresende selbst häufig zur Disposition steht, betrachten die Marketingverantwortlichen inzwischen fast als Normalität.

Echte integrierte Kommunikation ist kaum noch möglich
Marketingabteilungen sehen sich angesichts einer immer dominanteren Börsenkommunikation neuen Herausforderungen gegenüber gestellt. Zwar wird integrierte Kommunikation gerade aufgrund der zunehmenden Komplexität des Kommunikationssystems eigentlich immer wichtiger. Die internen Kommunikationsbarrieren wachsen aber in gleichem Masse, weil neben die klassische Unternehmenskommunikation und die Marketingkommunikation nun auch eine Investor Relations-Abteilung getreten ist. Dies erschwert es den Unternehmen, den auseinander driftenden Interessen der Shareholder und der übrigen Stakeholder mit einer einheitlichen und konfliktfreien Botschaft zu begegnen (siehe Abbildung 9.1).

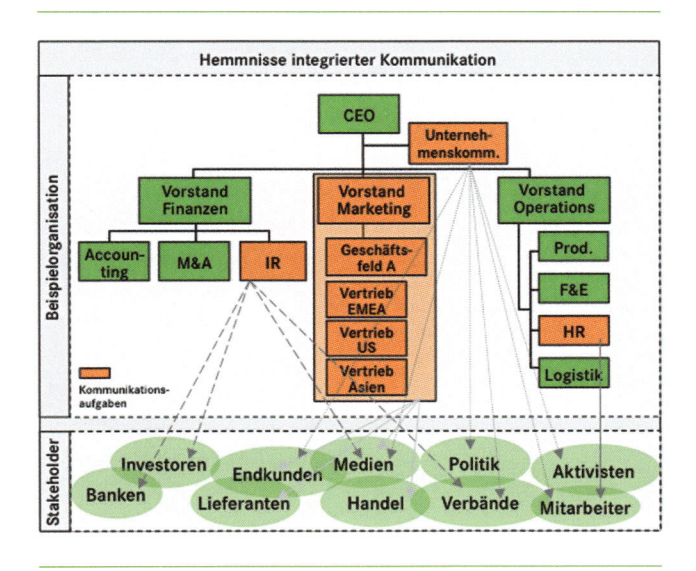

Abbildung 9.1: Kommunikation – Steigende Anzahl von Sendern und Empfängern.
Quelle: Ebersbach/Reinecke 2008, S. 54.

Botschaften für Börse und Investoren einerseits und Kunden andererseits sind häufig inkompatibel.

Nicht selten stehen Konzerne in Aufschwungphasen vor dem Balanceakt, einerseits wachsende Umsätze und Gewinne zu kommunizieren, andererseits aber höhere Preise rechtfertigen zu müssen. Diese Herausforderung beschrieb der Marketingleiter eines DAX-30 Unternehmens: 'Wenn wir eine positive Börsenstory liefern können, dann ist das für das Unternehmensimage als solches natürlich von Vorteil. Müssen wir auf der anderen Seite aber ein Werk schliessen – wofür wir von der Börse nebenbei bemerkt gefeiert werden – gelten wir bei unseren Kunden sofort als vaterlandslose Gesellen. Gleichzeitig schränken uns sprudelnde Gewinne bei der Kommunikation höherer Preise ein. Das kann man ja keinem Händler nachvollziehbar erklären.'

In den Interviews wurde deutlich, dass Unternehmen ihre Botschaften inhaltlich wie formell verändern, um vor allem eines zu erreichen: Vertrauen. 'Wenn man es schafft, Vertrauen bei den Analysten zu erreichen, dann nimmt das ein stückweit den Druck', berichtete der Marketingleiter eines Pharmaunternehmens im Gespräch. Mit präzisen, zeitnahen und ehrlichen Informationen versuchen CEOs, das Vertrauen der Analysten und Investoren aufzubauen und zu erhalten. Kommunikation ist unter den Bedingungen der Börse einerseits ungleich wichtiger und komplexer, andererseits aber auch aufgrund der geltenden Regelungen wie etwa Publizitätspflichten immer schwieriger geworden.

Die Börsenorientierung revolutioniert die Unternehmenskultur

'Bei uns merkte sogar der Hausmeister, wenn das Quartal zu Ende ging. Da lagen überall die Nerven blank' (Regionaler Marketing- und Vertriebsleiter eines weltweit agierenden Dow Jones-Unternehmens).

Was auf der einen Seite als 'effiziente Marktbearbeitung' gefeiert wird, klingt in den Ohren der Mitarbeiter börsennotierter Unternehmen oftmals nur nach 'Druck' – Druck, der vom Vorstand bis in die letzte Vertriebseinheit weitergegeben wird, wenn das Quartalsergebnis in Gefahr ist. Neben dem Druck der Analysten tragen nicht selten auch interne Anreizmodelle zur Aufrechterhaltung dieses Drucks bei.

Saisonale Effekte werden an der Börse und in den Finanzabteilungen kaum zur Kenntnis genommen. Der Marketingleiter eines börsennotierten Reifenherstellers berichtete davon, dass selbst dann, wenn etwa ein verspäteter Wintereinbruch das vierte Quartal verdarb, seine Vorgesetzten mit Unverständnis reagieren. Von 'aggressiver Marktbearbeitung' war in den Interviews häufig die Rede. Diese führt bisweilen zu dysfunktionalen Effekten. So kannibalisieren sich in multinationalen Unternehmen die nationalen Verkaufseinheiten mitunter gegenseitig. Dieter John, Forensik-Experte bei KPMG, nannte als verbreitete Methode, noch nicht verschickte Lagerware am Quartalsende zu Kundeneigentum zu deklarieren oder Scheinumsätze zu tätigen. Mehrfach wurde berichtet, dass der Handel am Quartalsende zur zusätzlichen Abnahme von Waren gedrängt wird. Die Folgen solcher kurzfristig höheren Umsätze gehen oftmals auf Kosten der Profitabilität und verstopfen als vorgezogene Geschäfte den Markt. Nach seinem Wechsel in ein Familienunternehmen erlebte ein vormals bei zwei Dow Jones-Unternehmen tätiger Topmanager einen Kulturwechsel: 'Auch heute geht es darum, Geld zu verdienen. Aber das Verständnis ist ein anderes. Die Eigentümerfamilien bieten viel eher Unterstützung an und sind Argumenten zugänglich, wenn sich das Ergebnis doch einmal nicht so positiv entwickelt.'

'In many cases quarterly reports are a temptation to postpone urgent and necessary investments or to promote product sales by means of unnecessary price discounts, in order to be able to announce more favorable short-term figures' (Wendelin Wiedeking).

Eine weitere dysfunktionale Konsequenz sahen die befragten Experten in einer steigenden Rabattbereitschaft mit Näherrücken des Quartalsendes. Teilweise nutzt der Handel diese Situation sogar aus, indem er von börsennotierten Unternehmen 'Quartalsendrabatte' verlangt. Zudem rücken die Investitionen in langfristige Werte wie Image und Marken in den Hintergrund, da sie kaum kurzfristig messbare Erfolge zeitigen.

Auswege aus der Quartalsfalle
Die geschilderten Herausforderungen auf Basis der Expertengespräche sollten nicht als allgemeine Kapitalismuskritik missverstanden werden. Ursache der Probleme für das Marketing ist weniger das Ziel 'Shareholder Value', als vielmehr der verkürzte Analysezeitraum und die damit verbundenen dysfunktionalen Management-Anreizsysteme.

1. **Definieren Sie messbare, ausgewogene Marketingzwischenziele!** Ein Schlüssel, dem Quartalsdruck zu entkommen, kann darin liegen, nicht nur kurz- und langfristige Ziele zu definieren, sondern auch mittelfristige Zwischenziele zu setzen, um konkreter den Weg zur Umsetzung der Vision zu formulieren und die Aufmerksamkeit des Managements stärker auf die Zukunft zu richten (Dodd/Favaro 2006, S. 25). Das verlangt vom Marketing allerdings die Bereitschaft, Ziele eindeutig und verbindlich zu definieren.

© Fischer/allvisions

Have lunch or be lunch.

Eine erhöhte 'Financial Literacy' von Marketing- und Verkaufsführungskräften ist unbedingt erforderlich.

Je präziser die Marketingplanung, desto einfacher ist das Marketingcontrolling – und somit auch der Erfolgsnachweis gegenüber Top-Management und Kapitalmärkten. Wichtig ist jedoch, dass die Marketingziele aus einer Kombination von monetären Kennzahlen (Umsatz, Profitabilität) und strategiegerechten nichtmonetären Schlüsselkennzahlen (Kundenbindungsrate, Innovationsstärke, Weiterempfehlungsbereitschaft) bestehen (ausführlich Reinecke/Janz 2007).

2. **Verknüpfen Sie die Managervergütungen nicht nur an Kapitaleffizienzziele!** Ähnlich viel versprechend erscheint es, die Verknüpfung der Managervergütung an Kapitaleffizienzziele, die häufig die Reduzierung von Ausgaben und Investitionen belohnen, zu stoppen. Kenngrössen wie 'Return on Investment' oder 'Return on Marketing' verleiten dazu, diese Effizienzgrössen ausschliesslich durch eine Minimierung des Nenners zu optimieren. Damit erreicht man zwar Effizienz, aber keine nachhaltige Effektivität – und minimiert gleichzeitig das Marketingbudget. Statt dessen sollten Ziele gesetzt werden, die den langfristigen Unternehmenserfolg sichern und belohnen. In den USA verlangen Regelungen des Accounting Standards Board (ASB), Jahresberichte so zu gestalten, dass Investoren daraus die Unternehmen mit dem Blick der Manager sehen können. Dies sei eine ausgezeichnete Chance für das Marketing, die eigenen Fähigkeiten einzubringen, urteilt Sir Paul Judge, Chairman der Panoramic Group (Ambler 2006, S. 15).

3. **Erhöhen Sie Ihre Financial Literacy!** In der Nachkriegszeit war die Sprache der Macht in Unternehmen die Sprache der Produktion, in den achtziger Jahren war es die Sprache des Marketing. Spätestens seit Anfang des 3. Jahrtausends ist die Sprache der Macht insbesondere in börsenorientierten Unternehmen jene der Finanzen – auch trotz der Wirtschaftskrise. Wer diese Sprache nicht (ausreichend flüssig) spricht, der wird zwangsläufig Kommunikationsprobleme haben. Daher ist es für Marketers unumgänglich, noch stärker die Sprache der Finanzabteilungen und Analysten zu adaptieren, um den Wertbeitrag von Marketinginvestitionen verständlich zu machen und in den Executive Boards wieder Boden gutzumachen. Marketingführungskräfte sollten beispielsweise in der Lage sein, Marketingsimulationen auf der Basis von

Discounted Cashflow-Analysen durchzuführen (siehe insbesondere Doyle 2000). Damit kann es dem Marketing auch gelingen, seine Position innerhalb der Unternehmen zu verbessern, um nicht länger zum Preis kurzfristiger Unternehmensziele die oftmals diametral gegenüberstehenden Erwartungen der Kunden aus den Augen zu verlieren (Sheth/Sisodia 2007). Die zum Teil verloren gegangene Glaubwürdigkeit kann nur dann zurück gewonnen werden, wenn Marketing seine fundamentale Rolle als Garant von Kundeninteressen wiederherstellt (Sheth/Sisodia 2005, S. 12). Die Voraussetzungen dafür sind günstig. Bereits nach der Dot.com-Krise verstärkte sich das Verständnis der CEOs für die Bedeutung von Reputation und Markenstärke ihrer Unternehmen. 92% der CEOs betrachten Reputation als wichtige, 24% sogar als die wichtigste Erfolgsgrösse: 'One of the results of this reappraisal is that business leaders no longer regard traditional financial measures as the ultimate indicator of a company's success' (World Economic Forum 2004).

4. **Bewerten Sie Ihre Marketingassets finanzwirtschaftlich!** Manchmal kann es sinnvoll sein, den Wert der eigenen Marken (Brand Equity) und des eigenen Kundenstamms (Customer Equity) finanzwirtschaftlich zu bewerten. Auch wenn diese finanzwirtschaftliche Kalkulation für das operative Marketingmanagement in der Regel kaum eine Relevanz hat (siehe kritisch beispielsweise Reinecke/Janz 2007), so helfen diese Berechnungen, die Bedeutung des Marketing für den Unternehmenswert zu untermauern. Bei den meisten börsennotierten Unternehmen übersteigt der Anteil der immateriellen Werte deutlich jene der materiellen Wert, und die immateriellen Werte beruhen zu einem Grossteil auf Marketingaktionen.

5. **Binden Sie den Finanzchef aktiv ein!** Die Glaubwürdigkeit von Marketing- und Verkaufsführungskräften ist in vielen Unternehmen leider bescheiden, zumindest relativ zum Chief Financial Officer. Da dieser letztlich eine entscheidende 'Scharnierfunktion' sowohl zum CEO als auch zu den Kapitalmärkten wahrnimmt, ist das Verhältnis der Marketing- zur Finance- und Controlling-Abteilung erfolgsentscheidend. Sobald es gelungen ist, den Finanzvorstand mit Fakten zu überzeugen, fällt es gemeinsam leichter, die Konzepte auch den anderen Anspruchsgruppen zu kommunizieren. Perfekt wäre es, wenn der

Finanzchef die Aufgabe übernimmt, das Marketingkonzept in der Geschäftsleitung zu präsentieren und auf Nachfrage auch Analysten und Kapitalgebern zu kommunizieren.

Fazit

Die Spielregeln börsennotierter Konzerne unterscheiden sich massgeblich von jenen, die für familiengeführte mittelständische Unternehmen gelten. Da börsennotierte Unternehmen das Thema 'profitables Wachstum' in den Mittelpunkt stellen, bedeutet das eigentlich, dass Marketing eine starke Stellung einnehmen müsste. Dies wird aber nur dann gelingen, wenn Marketing in der Lage ist, seinen Wertbeitrag auch finanziell nachzuweisen.

Schlüsselfragen für Entscheider
1. Welches sind die wichtigsten monetären und nichtmonetären Schlüsselkennzahlen zur Messung des Marketingerfolgs? Können Sie die Auswahl begründen?
2. Wie stark sind die Anreizsysteme in Ihrem Unternehmen auf Effizienz, insbesondere Kapitaleffizienz ausgerichtet? Wäre es möglich, hier ergänzende Effektivitätsziele zu integrieren?
3. Wie beurteilen Sie Ihre eigene 'Financial Literacy'? Wie denken Sie, dass CEO und CFO Sie diesbezüglich einschätzen?
4. Können Sie fakten- und kennzahlengestützt zeigen, wie Marketing die nichtmateriellen Werte des Unternehmens beeinflusst?
5. Wie schätzen Sie das Verhältnis von Chief Marketing Officer und Chief Financial Officer in Ihrem Unternehmen ein? Liesse sich dieses Verhältnis optimieren?

Empfohlene Quellen

Ambler, T. (2006): Altered perspective, in: Marketing, 6/28/2006, p. 15.

Avery, G. C. (2005): Leadership for Sustainable Futures. Cheltenham: Edward Elgar Publishing Ltd.

Dodd, D./Favaro, K. (2006): Managing the Short Term/ Long Term Tension, in: Financial Executive, 12, pp. 22–26.

Doyle, P. (2000): Value-Based Marketing, in: Journal of Strategic Marketing, 8, pp. 299-311.

Ebersbach, L./Reinecke, S. (2008): Going Public – Effekte der Börsennotierung auf das Marketing, in: Marketing Review St.Gallen, Nr. 5., S. 52-55.

Höpner, M. (2003): Wer beherrscht die Unternehmen? Shareholder Value, Managerherrschaft und Mitbestimmung in Deutschland. Frankfurt a.M.: Campus.

Lukas, B.A./Whitwell, G.J./Doyle, P. (2005): How can a shareholder value approach improve marketing's strategic influence?, in: Journal of Business Research, 58, 4, pp. 414-422.

Porsche (2000/1): Annual Report, Stuttgart.

Reinecke, S./Janz, S. (2007): Marketingcontrolling. Stuttgart: Kohlhammer.

SAP AG (2006): Geschäftsbericht 2006, Walldorf.

Sheth, J.N./Sisodia, R.S. (2007): Raising Marketing's Aspirations, in: Journal of Public Policy & Marketing, 26, 1, pp. 141-143.

Sheth, J.N./Sisodia, R.S. (2005): Does Marketing Need Reform?, in: Journal of Marketing, 69, No. 4, pp. 10-12.

Webster, F.E. (1997): The future role of marketing in the organisation, in: Lehmann, D./Jozc, K. (eds): Reflections on the Futures of Marketing. Cambridge, MA, pp. 39-66.

World Economic Forum (2004): Voice of the leaders survey.

10. 'Hypes' und Innovationen im Marketing

Marketing steht im Spannungsfeld von Innovation und Planbarkeit. Marketingpläne sind notwendig, um Strategien und Aktivitäten abzustimmen. Erfolgreiche Konzepte zeichnen sich aber gerade dadurch aus, dass sie sich am Puls der Zeit ausrichten und innovative Zugänge für Differenzierungspotenziale nutzen. Marketing verliert aber dann seine Wirkung und an Einfluss, wenn es blind dem neusten Hype nachläuft, Allgemeinplätze nachbetet und jedes Konferenzthema zum neuen Heilmittel für alle Probleme erklärt. Wichtig ist eine kritische Auseinandersetzung mit aktuellen Themen, 'die Spreu vom Weizen zu trennen' und wenige (aber wichtige) Entwicklungen als Differenzierungschance gezielt zu nutzen.

Trends und Hypes als 'Rohstoff' für Marketing Innovationen

Die Herausforderungen im Marketing lauten häufig: gesättigte Märkte, auswechselbare und vielfältige Leistungen, Informationsflut, schwindende Margen oder Globalisierung. Im intensiveren Wettbewerb gibt es zwei Varianten, um zu reagieren: Entweder können Unternehmen sich trotz sinkender Erfolge mehr anstrengen oder sie können innovieren. Wir bevorzugen den zweiten Vorschlag: Innovationen schaffen wieder Substanz für das Marketing. Marketing wirkt am besten für innovative Geschäftsmodelle und Produktinnovationen sowie wachsende Märkte. Kurz: Marketing kompensiert kein schwaches Angebot (Belz/Schögel/Tomczak 2007).

Unternehmen diskutieren immer wieder neue Entwicklungen und Trends. Demografische Veränderungen (z. B. die sogenannte 'Silver Generation'), Konsumtrends (z. B. der 'Wellness-Trend'), innovative Technologien (z. B. 'Social Media') oder aber auch neuere Management-Konzepte (wie beispielsweise CRM) bieten, richtig interpretiert, die Möglichkeit, einen nachhaltigen Kundenvorteil zu entwickeln.

© Fischer/allvisions

'It is easy to make predictions. Especially about the future' (Mark Twain).

Trends, neuartige Ansätze und Innovationen sind jedoch mit Unsicherheiten verbunden. Nur wenn es gelingt, frühzeitig einen Anhaltspunkt für die Konsequenzen eines Trends zu gewinnen, lassen sich auch wirkungsvolle Konzepte erarbeiten. Von besonderer Bedeutung ist es daher, einzelne Entwicklungen gezielt zu bewerten und auf Basis eines unternehmensindividuellen Verständnisses die Entscheidungen zu treffen, wie mit einem Trend erfolgreich umgegangen werden soll. Dabei gilt es nicht 'mit den Wölfen zu heulen', sondern gezielt die Themen zu identifizieren, die zu einer nachhaltigen Differenzierung beitragen.

Der Hype Cycle hilft, die richtigen Fragen zu stellen

Ries/Trout formulieren die Herausforderung treffend: 'The best, most profitable thing to ride in marketing is a longterm trend' (Ries/Trout 1994, S. 123). Sie argumentieren in diesem Zusammenhang, dass erfolgreiche Innovationen auf langfristige Trends und Moden setzen. Dem gegenüber äussert sich ein Fad dadurch, dass er in absehbarer Zeit zwar an Bedeutung gewinnt, jedoch auch relativ rasch wieder aus den Diskussionen im Management verschwindet (Zupancic et al. 2003, S. 12-13). Die Investitionen in einen Fad werden sich nur schwerlich lohnen, da die Lebenszeit bis zu einem echten Payback der Investitionen nicht ausreicht.

In den letzten Jahren hat sich nunmehr ein Verständnis für den Umgang mit neuen Entwicklungen und Trends ergeben, welches massgeblich vom 'Hype Cycle'-Ansatz der Gartner Group geprägt ist (Gartner 2010, S. 6 f.). Zwar wird dieses Modell noch primär auf informationstechnologische Themen und Trends angewandt. Eigene Projekterfahrungen zeigen aber, dass sich das grundsätzliche Verständnis eines spezifischen Zyklus für neue Themen auf viele Bereiche der Zukunfts- und Innovationsforschung anwenden lässt. Im Kern geht der Ansatz davon aus, dass jeder Trend, nach einer verhaltenen Akzeptanz in der Gesellschaft, eine (mehr oder minder) ausgeprägte Phase eines Hypes durchläuft. Dieser Phase der Euphorie und oftmals zu hohen Erwartungen folgt dann die Zone der Ernüchterung und der (ebenfalls oftmals) unreflektierten Kritik. Schliesslich gelingt es dann den relevanten Trends und Konzepten in die Phase der Produktivität einzutreten. Abbildung 10.1. zeigt den Hype Cycle beispielhaft in seinen Phasen für Geschäftsmodelle im Internet.

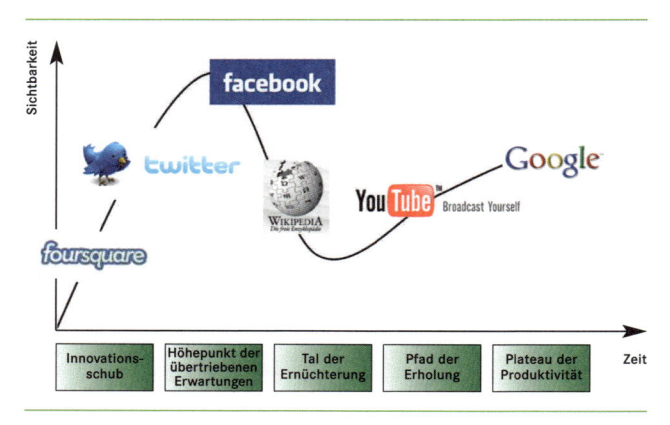

Abbildung 10.1: Das Modell des Hype Cycles der Gartner Group am Beispiel von Geschäftsmodellen im Internet (in Anlehnung an Gartner 2010, S. 6)

Radarfunktion des Marketing

Im Gegensatz zum klassischen Lebenszyklusmodell wird hier bewusst berücksichtigt, dass einzelne Themen oder Trends über längere Zeit in einer Phase verharren bzw. stecken bleiben, während andere wiederum rascher das Plateau der Produktivität erreichen. Trotzdem gilt auch für dieses Modell: Unternehmen müssen die Aussagen für sich interpretieren und eigene Schlüsse ziehen, wie man mit einzelnen Trends und Themen umgehen will.

Schritte auf dem Weg zur Marketing-Innovation
Vor dem Hintergrund der spezifischen Herausforderungen im Umgang mit neuen Themen, Trends und Moden sind drei zentrale Stufen bei der Entwicklung von Marketing-Innovationen zu differenzieren:

1. **Scanning und Monitoring: Identifikation und Bewertung von Trends**
   In einem ersten Schritt gilt es, im Rahmen der Trendidentifikation die relevanten Entwicklungen für ein Unternehmen zu bestimmen. Dazu sind sowohl die langfristigen Trends herauszufiltern, als auch die jeweilige Relevanz für das eigene Unternehmen zu bestimmen. Im Rahmen der Trendidentifikation gilt es zunächst, die 'Spreu vom Weizen' zu trennen.

Experimente und Rapid Prototyping

Eine zentrale Herausforderung in dieser Phase besteht darin, auf innovative Entwicklungen im Marketing auf-

Szenarien erfassen verschiedene Möglichkeiten für die Zukunft.

merksam zu machen und frühzeitig zu sensibilisieren. Das Ziel eines effektiven Scannings muss es deshalb sein, möglichst lückenlos gleichermassen dominante Trends, sowie auch eher schleichende Entwicklungen im Marketing nüchtern und kontinuierlich zu identifizieren, zu dokumentieren und zu kommunizieren.

Hierzu lassen sich verschiedene Methoden und Quellen nutzen. Wenn auch Szenario-Techniken und Delphi-Befragungen vor allem dazu beitragen, mit versierten Methoden einzelne Themen und Trends zu bewerten, so sammeln sie doch primär Meinungen und Aussagen zur Einschätzung zukünftiger Entwicklungen. Damit lassen sich zwar Trends erkennen, die Tragfähigkeit dieser Einschätzungen für unternehmerische Entscheidungen ist jedoch nur begrenzt, da im Kern keine inhaltlichen Diskussionen geführt werden, sondern nur die Relevanz des einen oder anderen Trends diskutiert wird.

Hinzu kommt die direkte Zusammenarbeit mit externen Instituten und Trendscouts, welche spezifische Suchfelder scannen und analysieren. Sie dienen als Fühler für schwache Signale und Veränderungen. Reports bieten Anhaltspunkte, welche Trends sich als relevant erweisen können. Weitere Quellen für neue Trends und Entwicklungen bieten jedoch auch die selbsternannten Zukunfts-Propheten (sogenannte 'Trendgurus') als Zugang an. Entsprechend regen Trend-Kongresse und Marketing-Tagungen an, und schaffen einen wertvollen und relativ einfachen Zugang zu konzentriert aufbereiteten Zukunftsthemen.

2. Konzeption: Rapid Prototyping in Pilotprojekten

Der zweite Ansatz stellt den unternehmensspezifischen Umgang und die Konzeption der eigentlichen Marketing-Innovation im Mittelpunkt. Im Kern geht es in diesem Schritt darum, im Unternehmen ein Verständnis für die konkreten Dimensionen eines Trends zu finden und Anknüpfungspunkte für das Marketing in möglichst konkreten Anwendungssituationen zu identifizieren. Da Trends und Veränderungen zeitkritisch sind (Stichwort: Zeitwettbewerb), ist es notwendig, zeitnahe Ergebnisse zu generieren. Abbildung 10.2 zeigt den Ansatz des Rapid Prototyping für Marketing-Innovationen.

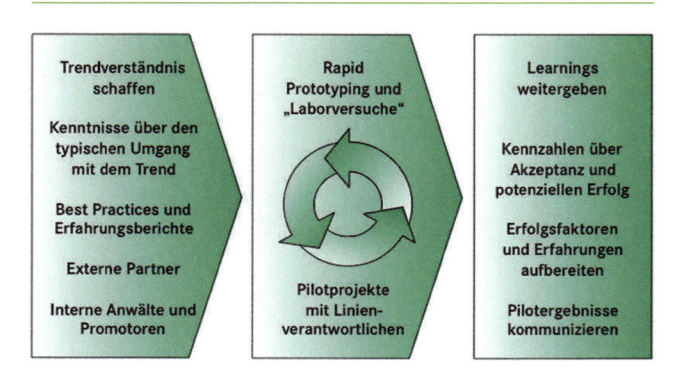

Abbildung 10.2: Rapid Prototyping für Marketing-Innovationen

Der Umgang mit der Eingriffstiefe einer Innovation ist erfolgskritisch.

Zu den Aufgaben des Innovationsmanagements gehört es, dementsprechend auch den Anwendungsbezug aufzuzeigen und zugleich Hinweise und Hilfestellungen zu bieten, wie sich neuartige Konzepte umsetzen lassen. Durch ein gezieltes 'Vorausdenken' werden mögliche Implementierungsprobleme frühzeitig erkannt und gelöst. Ähnlich wie auch in den Ingenieurswissenschaften bietet sich dazu ein sogenanntes 'Rapid-Prototyping' an (siehe hierzu Diller 2001, S. 1465). Dazu werden kleinere Pilotprojekte gestartet, die in einzelnen Märkten des Unternehmens unter möglichst realistischen Bedingungen konzeptionelle Innovationen umsetzen.

Als Arenen für derartige Pilotprojekte bieten sich Events, Messen oder aber auch spezifische Initiativen in einzelnen Märkten an. Dabei hilft die konkrete Zusammenarbeit mit den jeweiligen Fachabteilungen und Marktverantwortlichen relativ schnell, kritische Erfolgsvariablen für die einzelnen Projekte zu identifizieren. Solche 'Versuchsanordnungen' unterstützen wirksam, die Trends unternehmens- und marktspezifisch aufzugreifen und nach relativ kurzer Zeit Lerneffekte zu generieren.

3. **Implementierung: Integration und Transfer**
   Im dritten Schritt stehen dann Fragen im Vordergrund, wie es dem Unternehmen gelingen kann, die entwickelten Marketing-Innovationen auch im Tagesgeschäft zu nutzen. Auf Basis der Ergebnisse aus den Pilotprojekten ist für den Transfer und die Umsetzung der Marketing-Innovationen im Unternehmen zu beurteilen, welchen Innovationsgrad die einzelnen Projekte erreichen. Grund-

sätzlich sind die Integrations- und Transferbemühungen nach dem Typ der Innovation zu differenzieren. Je nach Innovationsgrad und dem Beitrag zur Unternehmensleistung lassen sich verschiedene Innovationstypen unterscheiden (Abbildung 10.3).

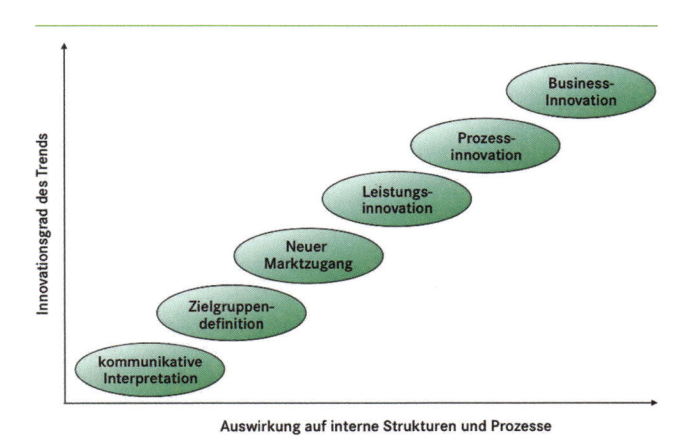

Abbildung 10.3: Innovationshöhe und Eingriffstiefe von Marketing-Innovationen

Von besonderer Bedeutung ist dabei die sogenannte 'Eingriffstiefe' einer Marketing-Innovation. Je mehr durch die Innovation interne Anpassungen in Strukturen und Prozessen notwendig sind, desto nachhaltiger müssen diese Veränderungen auch im Unternehmen vorangetrieben werden. Dementsprechend fordert bereits die innovative kommunikative Ansprache einer neuen Kundengruppe den Vertrieb und die Kommunikation. Schon ein innovatives Serviceangebot führt zu veränderten Unternehmensprozessen und muss im Unternehmen erfolgreich verankert werden. Gilt es aber, eine echte Business Innovation in einem Markt zu etablieren, dann sind davon fast alle Bereiche eines Unternehmens betroffen.

Trend- und Innovationskompetenz stärken den Einfluss des Marketing

Foresight gewinnen und Vielfalt beherrschen

Ohne Zweifel beschäftigen sich Führungskräfte in der Praxis damit, Trends zu beobachten, um neue Impulse für die eigene Arbeit zu gewinnen. Viele Veränderungen sind subtil, sie greifen im Marketing neue Interpretationen auf und setzen andere Gewichte, wenn auch die gleichen Themen schon weit früher aufgegriffen wurden. Eine zeitgemässe Adaption des eigenen Marketing, die richtige Umsetzung in die Gestaltung von Produkten, in Interpretationen und Bilder ist für den Erfolg entscheidend.

Von der Möglichkeit zur Realisierung ist der Weg anspruchsvoll.

Der Engpass einer Auseinandersetzung mit der Zukunft besteht nicht darin, neue Ideen zu finden. In der Regel kann jede Führungskraft auf Anhieb 10 bis 20 Initiativen aufführen, die in der bestehenden Situation aufgegriffen werden könnten und vielleicht sogar müssten. Schwieriger ist es, die relevanten Entwicklungen zu bestimmen und diese mit den eigenen Fähigkeiten und den bisherigen Projekten und Lösungen zu verknüpfen. Kritisch wird damit die Umsetzung von Trends von aussen in die Lösungen von innen.

Gelingt es dem Marketing, sich als kompetenter Ansprechpartner für Zukunftsdiskussionen im Unternehmen zu profilieren, dann kann auch ein nachhaltiger Einfluss auf den Unternehmenserfolg sichergestellt werden.

Die Zahl der Entwicklungen und möglichen Reaktionen durch Unternehmen ist immens. Es gilt einen Trichter zu gestalten: Zunächst befassen sich Unternehmen mit den Trends im Überblick und öffnen sich. Sie treffen dann eine Vorauswahl und loten die möglichen Spielräume mit Marketinglösungen aus. Schliesslich wählen sie die kraftvollen Trends, die auch zum Unternehmen passen und fokussieren sich auf wenige Ansätze, die sie vertiefen und realisieren. Ungeeignete Ideen werden solange aussortiert, bis nur noch wenige Ansätze bleiben, die verfolgt werden sollen.

Schlüsselfragen für Entscheider

Im Umgang mit Trends und Innovationen sind folgende Fragen von entscheidender Bedeutung

1. Welche Trends sind für Ihr Unternehmen entscheidend? Können Sie die Top 3 Trends benennen?
2. Welche Lösungen erkennen Sie, um einen 'Hype' zu nutzen? Wann sollte Ihr Unternehmen einen 'Hype' bewusst auslassen?
3. Wie erkennen Sie das Potenzial eines Trends oder 'Hypes' für Ihr Unternehmen?
4. Wie gelingt es Ihnen, die richtigen Trends gezielt und unternehmensspezifisch umzusetzen?
5. Wie etablieren Sie Marketing als Zukunftsforscher und Inputgeber wirksam im Unternehmen?

Empfohlene Quellen

Belz, Ch./Schögel, M./Tomczak, T. (2007): Innovation Driven Marketing. Wiesbaden: Gabler.

Diller, H. (2001): Stichwort Rapid Prototyping. In: Diller, H. (Hrsg.): Vahlens grosses Marketing Lexikon. 2. Auflage. München: Vahlen, S. 1465.

Gartner Group (2010) (Hrsg.): The Gartner Research Process and Methodologies. Stamford, CT.

Ries, A./Trout, J. (1994): The 22 Immutable Laws of Marketing. New York, NY: Harper Business.

Zupancic, D./Belz, Ch./Biermann, P. (2003): Trends und Moden in Management und Marketing. St.Gallen: Thexis.

11. Spannung zwischen Marketing und Vertrieb

Marketing braucht den Vertrieb. Beide orientieren sich an der Strategie.

© Fischer/allvisions

Die Schnittstelle zwischen Marketing und Vertrieb wird selten positiv interpretiert. Die Gründe sind vielfältig, liegen aber häufig in der Vielfalt der Situationen in der Praxis begründet. In diesem Beitrag wird die Entwicklung abgestimmter Marketing- und Vertriebsstrategien empfohlen. Zusätzlich werden Hinweise für eine erfolgreiche Zusammenarbeit aufgezeigt. Grundorientierungen im Sinne einer Marketinglogik erklären bestimmte Schwerpunkte und sensibilisieren Manager für mögliche Konflikte und Lösungen.

Praktiker und Wissenschaftler diskutieren über Marketing und Vertrieb häufig mit dem Fokus auf die Schnittstellen, d.h. die Zusammenarbeit (und die Konflikte) beider Disziplinen. Eher selten wird diese Zusammenarbeit positiv interpretiert. Aus Sicht des ehemaligen IBM-Chefs ist die Sache einfach. Lou Gerstner sagt in seinem Buch 'Who says elephants can't dance': 'Die Vertriebsmannschaft ist nicht die ganze Firma, aber die ganze Firma sollte wie eine Vertriebsmannschaft arbeiten.' Damit wäre die Sache weitgehend klar, würden uns nicht die Lehrbücher etwas anderes suggerieren.

Die Theorie: Marketing als Führungskonzept für das Gesamtunternehmen

Marketing und Vertrieb funktionieren nicht im Blindflug.

Ein modernes Marketingverständnis verfolgt den Ansatz des Marketing als Führungskonzept für das gesamte Unternehmen (Kuss/Tomczak/Reinecke 2009, S. 1 ff.). Im Fokus dieser Denkweise stehen die Erfordernisse des Marktes. Es gilt, diese zu identifizieren und sämtliche Unternehmensaktivitäten darauf auszurichten. Der Vertrieb muss sich in dieser Idealvorstellung an der Marketingstrategie ausrichten.

Die folgende Metapher aus der Kriegsführung verdeutlicht die Aufgaben von Marketing und Vertrieb in diesem Verständnis anschaulich:

Ähnlich wie eine Radarstation oder ein Awacs-Flugzeug Abfangjäger und Bomber in ein Zielgebiet führt, so sollte auch die Marketingstrategie die Vertriebsmannschaft in ver-

> 'Ein Unternehmen, welches Marketing und Verkauf nicht an höchster Stelle in der Unternehmensführung integriert, wird über kurz oder lang am Markt vorbei arbeiten und einen hohen Preis dafür bezahlen. Ein Marketing, welches Stakeholder und Kunden integriert, kann durch nichts ersetzt werden, denn nur dieser Ansatz kann gewährleisten, dass man sehr früh Bedürfnisse und Trends im Markt erkennen und in der Folge befriedigen kann. Zudem wird man ohne differenziertem Wertangebot von der Masse aufgesogen' (Walter P. Hölzle, Hölzle, Buri & Partner Consulting, Zug).

schiedene Zielgebiete oder besser gesagt Marktsegmente lenken. Weder für Piloten noch für Verkäufer würde es Sinn machen, einfach in der Gegend herumzufliegen und zu versuchen, ein lohnendes Ziel zu finden. Das eigene Radar reicht – im Gegensatz zu dem der Basisstationen – nicht weit genug, um den gesamten Markt mit seinen Potenzialen überblicken zu können. Interessante Zielgebiete könnten so nicht systematisch, sondern nur zufällig und mit vielen Streuverlusten identifiziert werden. Aber einmal von der Zentrale sicher in das Zielgebiet geleitet, kann das Bordradar des Flugzeugs bzw. der Vertriebsmannschaft die Zielobjekte erfassen. Die Piloten bzw. die Verkäufer können dann selber und viel besser entscheiden, welche Ziele in welcher Reihenfolge wie bearbeitet werden (Dannenberg/Zupancic 2008, S. 37).

> 'Marketingmanager haben oft die Bodenhaftung zum Kunden verloren. Der Vertrieb hingegen weiss häufig genau, was vom Kunden akzeptiert wird' (Dr. Michael Reinhold, Institut für Marketing, Universität St.Gallen).

Leider wird diese Rolle des Marketing nur in wenigen Unternehmen so gelebt. Während in Wissenschaft und Beratung schon seit Jahren von strategischem Marketing gesprochen wird, dümpelt das Marketing in der Realität vieler Unternehmen häufig im Operativen und beschäftigt sich mit Broschüren, Inseraten, Messen und der Website, also eher dem Thema Kommunikation. Die Experten für die Kommunikation (häufig als 'unsere Marketingabteilung' tituliert) haben meistens weder die Ressourcen, noch das Wissen, noch die Instrumente und noch seltener die Akzeptanz im Unternehmen, die strategische Rolle des Marketing auszufüllen.

Die Praxis: Vielfalt unterschiedlicher Situationen
Natürlich gibt es nicht **den** Vertrieb oder **das** Marketing. Die Praxis ist erfinderisch und vielfältig. Einige typische Konstellationen zwischen Marketing und Vertrieb:

- *P&G setzte auf starke Markenprodukte.*
  - Procter & Gamble ist ein Unternehmen, das marktorientiert und professionell agiert. Das Unternehmen verfolgt eine konsequente Wachstumsstrategie, die sich durch innovative Produkte, starke Marken und einen starken Vertrieb auszeichnet. Das Produktportfolio orientiert sich an einer Markenstrategie, die man als 'House of Brands' oder 'Mehrmarkenstrategie' bezeichnen kann. Einzelne Produktmanager führen ihre Marken, wie Unternehmer mit eigenen Marketingstrategien unter dem Dach der Gesamtstrategie. Die Endkunden werden massiv in Form

des klassischen Konsumgütermarketing ('Pull-Marketing') bearbeitet. So möchte man die Konsumenten dazu bewegen, die Marken des Unternehmens aktiv nachzufragen. Zugleich setzt Procter & Gamble auch auf den eigenen Vertrieb. Dieser bearbeitet die Handelsketten und sorgt durch das sogenannte 'Push-Marketing' dafür, dass die Händler die Markenprodukte möglichst reichhaltig kaufen, gut im Laden platzieren usw. Aktionen müssen abgestimmt werden und das Marketing unterstützt den Vertrieb im Rahmen des sogenannten 'Trade Marketing' z. B. bei Aktionen am Point of Sale. Trotz starkem Vertrieb vertraut das Unternehmen, als Erfinder des Produktmanagements, vor allem auf die Kraft seiner Markenprodukte.

Swisscom setzt auf das differenziertes Account Management.

- Auch die Swisscom verfolgt eine marktorientierte Wachstumsstrategie, kann aber wegen der starken Marktstellung kaum über Neukunden wachsen, sondern muss die vorhandenen Kunden optimal bedienen, um deren Potenzial auszuschöpfen. Im Business-to-Business Geschäft bearbeitet die Swisscom die Schlüsselkunden und die sogenannten 'Named Accounts' z. B. mit speziellen Key Account Managern und Account Managern. Diese bauen enge Beziehungen zu den Ansprechpartnern auf Kundenseite auf, führen die Kundenbeziehung und entwickeln das Geschäft mit den Kunden. Das Marketing im Geschäftskundenbereich der Swisscom unterstützt die Aktivitäten des Vertriebs. Es entwickelt im Produktmanagement Lösungen für bestimmte Kunden oder -segmente und die dazugehörenden Werbemittel und Verkaufshilfen für den Vertrieb. Diese Art der Zusammenarbeit ist dann am erfolgreichsten, wenn Marketing und Vertrieb möglichst eng zusammen arbeiten, die Führung liegt aber eher im Vertrieb.

John Deere baut auf ein starkes Netz von Distributionspartnern.

- John Deere, weltweiter Anbieter von landtechnischen Produkten, Baumaschinen, Forstmaschinen und Maschinen für die Rasen-, Grundstücks- und Golfplatzpflege beschäftigt global mehr als 50.000 Mitarbeiter. Das Unternehmen verkauft seine Produkte in über 160 Ländern. Der John Deere Vertrieb in Deutschland ist die deutsche Vertriebs- und Marketingorganisation des Unternehmens. Sie betreut die in Deutschland angebotenen Maschinen sowie Ersatzteile, Zubehör und das John Deere Händlernetz mit rund 70 Vertriebspartnern sowie rund 400 Filialen und Partnerbetrieben. Eigene Vertriebsmitarbeiter arbeiten mit unabhängigen Händlern zusammen. Eigene Marketingressourcen unterstützen den Vertrieb der Händler, die auch andere Leistungen vermarkten. Marketing ist auch hier durch ein Selbstverständnis als Vertriebsunterstützung gekennzeichnet. In diesem Falle kommt hinzu, dass nicht nur der eigene Vertrieb unterstützt wird, sondern auch der von den Distributionspartnern. Eine unmittelbare Führung des Vertriebs bzw. der Vertriebspartner durch das Marketing ist schon auf Basis dieser Konstellation kaum möglich.

Würth ist eine Sales Driven Company.

- 2006 erhielt das Unternehmen Würth den sogenannten 'Selly', einen Preis des Deutschen Marketing-Verbandes für Bestleistungen im Vertrieb. Die Begründung: Als Weltmarktführer für Montage- und Befestigungstechnik schreibt Würth eine konstante Wachstumsstory. Die Jury führt diese Rekordleistungen auf das klare Bekenntnis zum Vertrieb zurück und beruft sich dabei auf eine Aussage von Prof. Dr. h. c. Reinhold Würth, dessen Lebenswerk der Ausbau der Würth-Gruppe vom regionalen Anbieter zum globalen Unternehmen ist: 'Die Kernkompetenz von Würth liegt zu 95% im Verkauf.' Marketing ist bei Würth klare Vertriebsunterstützung. Das gesamte Unternehmen ist vertriebsorientiert, das heisst eine 'Sales Driven Company'.

Die beschriebenen Situationen zeigen unterschiedliche Verhältnisse zwischen Marketing und Vertrieb. Aus der Perspektive des Managements geht es darum, Marketing- und Vertriebsstrategie professionell zu entwickeln und abzustimmen. Es geht aber auch um die Aufgaben der operativen Zusammenarbeit. Last but not least können Unternehmen unterschiedliche Schwerpunkte setzen. Hierbei geht es um die Grundorientierungen. Im Folgenden werden diese Themen erläutert.

Die Marketingstrategie denkt Top-down.

Die Marketingstrategie macht die 'Vorgaben' für den Vertrieb

Zwei wesentliche Elemente einer Marketingstrategie sind in Anlehnung an Kuss/Tomczak/Reinecke (2009, S. 123), das sogenannte Kernaufgabenprofil und die Positionierungsstrategie.

'Unternehmen können ihre Wachstums- und Gewinnziele erreichen, indem sie neue Kunden akquirieren und/oder indem sie Preisbereitschaft, Kauffrequenz und -intensität sowie Verbundkäufe (Cross Selling) von aktuellen Kunden erhöhen. Zudem können sie versuchen, neue Leistungen in den Markt einzuführen und/oder den Lebenszyklus bestehender Leistungen zu verlängern und zu optimieren' (Kuss/Tomczak/Reinecke 2009, S. 130).

Wachstumsoptionen benötigen spezifische Kompetenzen.

Alle Kernaufgaben benötigen unterschiedliche Kompetenzen. Hier liegt häufig der Grund, warum viele Unternehmen sich beispielsweise schwer tun, neue Kunden zu akquirieren, wenn sie dies als Wachstumsoption identifiziert haben. Häufig verfügen sie schlichtweg im Vertrieb nicht über die notwendigen Kompetenzen. Vielleicht sind diese Unternehmen aber in der Kundenbindung stark. Kaum ein erfolgreicher Vertriebsmitarbeiter, der Stammkunden hervorragend betreut, ist auch ein guter Akquisiteur und umgekehrt. Das Beispiel zeigt jedoch deutlich: Auch wenn die Festlegung des sogenannten Kernaufgabenprofils eine Marketingaufgabe ist, muss das Marketing den Vertrieb einbeziehen oder sehr gute Kenntnisse haben, sonst entstehen praxisfremde Ideen. Hier wird das zwingende Miteinander von Marketing- und Vertriebsstrategie deutlich.

Positionierung ist die hohe Kunst des Marketing.

'Positionierung zielt auf die Gestaltung und Steuerung der Stellung einer Marktleistung im jeweiligen relevanten Markt ab. Die Positionierung ist somit die Orientierung für die Ausgestaltung des Marketingmix, inklusive der Vertriebsaufgaben' (Becker 2006).

Die Positionierungsstrategie besteht aus den vier Themen Variation, Stil, Substanz und Feld:
Strategievariation: In den meisten Fällen entwickelt man die Positionierungsstrategie nicht am 'grünen Tisch', sondern es existiert bereits eine vorhandene Strategie. Diese gilt es kritisch zu reflektieren und zu entscheiden, ob sie verändert werden muss. Die Beibehaltung der gegebenen Positionierung ist dabei die einfachste Variante, da nur die Marketinginstrumente für die neue Planungsperiode geplant und budgetiert werden müssen. Sobald man aber nur leichte Veränderungen vornimmt, z. B. die Vermarktung neuer Leis-

tungen oder das Bearbeiten neuer Marktsegmente, muss das gesamte Gefüge überdacht werden. Sowohl neue Leistungen als auch neue Marktsegmente stellen den Vertrieb z. B. vor grosse Herausforderungen. Insbesondere dann, wenn die Mannschaft aktuell bereits ausgelastet ist. Hier müssen Chance und vorhandene Ressourcen ausbalanciert und letztere gesteuert werden. Variationen in der Positionierungsstrategie können daher kaum ohne den Vertrieb entschieden werden.

Strategiestil: Wie ein Unternehmen im Markt bzw. im Wettbewerb auftritt, ist nicht nur eine interne Entscheidung. Gerade auffällige und provokante Stile werden entsprechende Reaktionen von Wettbewerbern und Kunden hervorrufen. Es ist daher angebracht, gut überlegt vorzugehen und eine gewisse Einheitlichkeit sicherzustellen. Wichtige Entscheide betreffen z. B. die Fragen, ob ein eher offensiver und provokativer oder ein eher defensiver Stil gewählt wird. Ob etablierte Regeln befolgt oder gebrochen werden usw. Gerade in Geschäftsmodellen, die auf einem starken persönlichen Verkauf basieren, spielt eben hier die grösste Rolle. So wird ein Unternehmen aus einer Verkaufsmannschaft von klassischen 'Hardsellern', die es heute in vielen Branchen immer noch gibt, nicht ohne weiteres Kundenbetreuer mit langfristigen Ambitionen machen.

Strategiesubstanz: Die Frage nach der Nutzenargumentation, auf der Unternehmen ihre Wettbewerbsstrategie aufbauen sollten, geht auf die grundsätzlichen Überlegungen von Porter zurück (Porter 1995, S. 62 ff.). Grundsätzlich müssen sich Unternehmen zuerst entscheiden, ob sie über eine Preis-Mengenstrategie in den Wettbewerb treten oder über eine Präferenzstrategie. Erstere hat zwingend zur Folge, dass das Unternehmen, wenn es erfolgreich sein möchte, zugleich die günstigsten Kosten in allen Bereichen anstreben sollte. Anders ist diese Strategie mittel- bis langfristig nicht erfolgreich durchzusetzen. Hieraus ergeben sich bereits Rahmenbedingungen für den Vertrieb, die gerade den kostenintensiven persönlichen Verkauf stark limitieren. So beruht der Kostenvorteil der Direktbanken – oder auch der Billigflieger auf den (fast) vollständigen Verzicht klassischer Verkaufskanäle. Die Präferenzstrategie beruht hingegen auf Leistungsvorteilen, die sich sehr vielfältig erreichen lassen: Qualität, Service, Logistik, kundenorientierte Lösungen und auch der Vertrieb selbst können genutzt werden,

© Fischer/allvisions

'Das Marketing muss sich zunehmend innovativ auf die strategische Unternehmensentwicklung aus der Markt- und Kundenperspektive fokussieren, um seinen Beitrag an der Unternehmenswertsteigerung zu leisten. Der grösste Erfolg liegt darin, neue Kundenbedürfnisse und Wertversprechen zu antizipieren und so neue Märkte zu erschaffen und weniger darin, in bestehenden Märkten Differenzierung oder Kostenführerschaft zu erreichen' Frank Marthaler, Leiter Swiss Post Solutions, Bern).

um besser zu sein als der Wettbewerber und so zu Präferenzbildung beim Kunden für das eigene Unternehmen beitragen. Daraus folgt, dass gerade diejenigen Unternehmen, die eine Präferenzstrategie verfolgen, den grösseren Spielraum haben, auch den qualitativ besten Vertrieb der Branche aufzubauen. Qualitativ hochwertige Lösungen bzw. deren Vorteile lassen sich häufig wegen ihrer Erklärungsnotwendigkeit gar nicht anders als persönlich verkaufen. Konsequenterweise sollten sich Unternehmen in Verhandlungen aber auch klar über diese Nutzen profilieren.

Strategiefeld: Hiermit ist die Entscheidung über die zu bearbeitenden Marktsegmente gemeint. In den meisten Märkten macht ein undifferenziertes Marketing für alle möglichen Zielgruppen heute keinen Sinn mehr. In der Regel zwingt die Wettbewerbssituation Unternehmen heute dazu, sich differenziert und gezielt auf bestimmte Marktsegmente zu konzentrieren. Dazu beispielhaft die Aussage von Philip Kotler (2002, S. 278.): 'Ein Unternehmen kann in einem grossen und vielfältigen Markt [...] nicht allen Kunden gerecht werden. Die Kunden sind zu zahlreich und zu unterschiedlich hinsichtlich ihrer Anforderungen beim Kauf. Ein Unternehmen muss die Marktsegmente identifizieren, die es erfolgreich bedienen kann.'

Die Vertriebsstrategie entsteht Bottom-up.

Die Vertriebsstrategie greift die Marketingstrategie auf und setzt in diesem Rahmen eigene Akzente

Selbst detaillierte Unternehmens- oder Marketingstrategien geben oft keine Hinweise dazu, wie der Verkauf die in der Strategie definierten Ziele erreichen soll. Man vertraut oft darauf, dass der Verkauf selbst Wege findet. Viele Vertriebsmannschaften arbeiten entsprechend nach wie vor eher intuitiv als systematisch geplant oder gar strategisch. Ohne genauen Plan und ohne Konzept werden häufig die Vorgehensweisen der Vergangenheit fortgeschrieben.

Eine Vertriebsstrategie legt fest, mit welchen Kundengruppen und Kunden (innerhalb der Marktsegmente), welche Ziele erreicht werden sollen sowie welche Ressourcen dazu in welcher Quantität, Qualität und Zielrichtung eingesetzt werden müssen und welche organisatorischen Rahmenbedingungen benötigt werden.

Je besser aber der Weg zum Kunden und damit zu den Verkaufsergebnissen definiert und mit der Marketingstrategie abgestimmt ist, desto erfolgreicher sind Unternehmen (Belz/Bussmann 2002, S. 93, S. 251).

Ausgangspunkt einer Vertriebsstrategie sind folglich die Marketingziele des Unternehmens. Darauf aufbauend wird im ersten Schritt zunächst festgelegt, wer die Zielkunden sind und mit welchen Arbeits- und Verkaufsprozessen bei diesen Kunden welche Ziele erreicht werden. Anschliessend muss entschieden werden, wie diese Verkaufsprozesse umgesetzt werden sollen. Wie soll der Vertrieb organisiert und gesteuert werden? Welche unterstützenden Massnahmen sind notwendig und welche Fähigkeiten und Fertigkeiten werden von Führungskräften und Verkäufern verlangt? Folgende Elemente gehören in eine Vertriebsstrategie:

Informationsgrundlagen: Viele Informationen, die für die Vertriebsstrategie relevant sind, werden meistens bereits im Rahmen der Unternehmens- und Marketingstrategie erhoben und sollten dem Vertrieb zur Verfügung stehen. Hier geht es also nur um Ergänzungen mit dem Fokus auf vertriebsrelevante Zusatzaspekte. Die Dimensionen Kunden, Wettbewerber und eigenes Unternehmen sollten erfasst werden.

Kundensegmentierung: Marktsegmente, die im Rahmen der Positionierungsstrategie festgelegt wurden, bestehen aus zahlreichen Kunden mit homogenen Bedürfnissen. Dennoch unterscheiden sich die Kunden innerhalb eines Marktsegmentes. In aller Regel haben sie unterschiedliche Bedeutungen für einen Anbieter. Es ist daher sinnvoll, auch die Kunden eines Marktsegments nach ihrer Wertigkeit zu segmentieren und anschliessend den für das Marktsegment geplanten Umsatz auf einzelne Kundensegmente oder sogar Kunden herunter zu brechen.

Definition von Zielen für die Kundensegmente: Während die Marketingstrategie die Ziele für das Gesamtunternehmen, bzw. die einzelnen Marktsegmente definiert, sollte die Vertriebsstrategie auf die Ebene der Kundensegmente fokussiert sein. Besonders relevant sind finanzielle Ziele, da diese sich zu den Gesamtzielen des Unternehmens zusammenfügen. Aber auch Positionierungsziele mit eher qualitativem Charakter sind für den Vertrieb von Bedeutung. Zusätzlich muss der Vertrieb planen, ob und in welchem Ausmass bestehende oder neue Kunden zur Erreichung der Wachstums- und Ertragsziele genutzt werden sollen. Hier sind die

Bezüge zum Kernaufgabenprofil aus der Marketingstrategie zu berücksichtigen. Auch hier muss der Konkretisierungsgrad in der Vertriebs- höher als in der Marketingstrategie sein. Während man auf Ebene der Marketingstrategie also z. B. die Ziele für die vier Kernaufgaben definiert, sollte in der Vertriebsstrategie weiter differenziert werden, mit welchen konkreten Massnahmen man diese erreichen will.
Nur so ist eine geplante und potenzialorientierte Vorgehensweise möglich, mit der die zur Verfügung stehenden Verkaufskapazitäten effizient ausgenutzt werden können.

Gestaltung und Management von Verkaufsprozessen: Nachdem die Ziele für die Kundensegmente festgelegt sind, sollten konkrete Aktivitäten definiert werden. Zumindest muss überprüft werden, welche notwendig sind, um die Ziele zu erreichen. Zu empfehlen ist die konkrete Beschreibung der Prozessabläufe, die Ausgestaltung der einzelnen Arbeitsschritte, Annahmen zur Produktivität der Prozesse und vor allem die Kapazitätsplanung. Wie in jedem anderen Arbeitsprozess muss sichergestellt werden, dass ausreichende Kapazitäten zur Umsetzung der geplanten Verkaufsprozesse vorhanden sind.

Organisations- und Kommunikationsstrukturen: Der nächste Schritt bei der Strategieformulierung ist die Entscheidung über Zuständigkeiten und Verantwortlichkeiten. Zu klären sind die vertriebsinternen Organisationsstrukturen, die Aufgaben, die Zuständigkeiten für Markt und Kundensegmente, mögliche Teams, Schnittstellen zu anderen Bereichen sowie der Informations- und Kommunikationsfluss.

Steuerungssysteme: Steuerungssysteme haben zwei Funktionen. Sie beschreiben erstens, welche Informationen über den Ablauf der Verkaufsprozesse wann erhoben und analysiert werden sollen, um eine ausreichende Transparenz über den Ablauf der Vertriebsarbeit zu erhalten. Zweitens bestimmen sie, mit welchen Instrumenten sichergestellt werden kann, dass die Vertriebsmitarbeiter auch tatsächlich die geplanten Vorgehensweisen umsetzen.

Entwicklung von Marketing- und Vertriebsstrategien: Eine Frage der Zusammenarbeit

Untersuchungen zeigen, dass von den internen Schnittstellen jene zwischen Marketing und Vertrieb zu den Wichtigsten gehören (Zupancic 2007). Die Bedeutung der Zusammen-

Die wirksame Zusammenarbeit von Marketing und Vertrieb steigert den Einfluss von Beiden auf den Unternehmenserfolg.

arbeit von Marketing und Vertrieb überrascht nicht, da vor allem im Business-to-Business Geschäft der persönliche Verkauf seit jeher eine grosse Rolle für das Marketing spielt (Elfroth/Neckermann/Zupancic 2006, S. 33). Einige Unternehmen legen beide Bereiche auch organisatorisch zusammen, um ein möglichst gutes Zusammenspiel zu gewährleisten. Wird Marketing in Unternehmen jedoch auf Kommunikation reduziert, dann ist der Vertrieb in der Regel deutlich dominanter. Dies ist mit einem Schwerpunkt auf eher operativen Themen und einem Mangel an einer strategischen Perspektive verbunden.

Es geht also nur miteinander – und zwar mit den unterschiedlichen Schwerpunkten, wie oben beschrieben. Doch wie arbeitet man effizient zusammen bzw. was behindert die Zusammenarbeit? Griffin/Hauser (1996, S. 195–198) identifizierten typische Barrieren einer erfolgreichen internen Kommunikation und Kooperation, die sich wie folgt auf die Zusammenarbeit von Marketing und Vertrieb übertragen lassen.

Räumliche Distanzen: Physische Nähe erleichtert die Zusammenarbeit. In den letzten Jahren wurde propagiert, dass neue Kommunikationstechnologien die räumliche Distanz überbrücken können. Diese Barriere wird jedoch nur begrenzt durch die Nutzung von Informations- und Kommunikationsmedien ausgeglichen. Marketing- und Vertriebsmitarbeiter sollten daher möglichst nahe zusammen arbeiten. Dies ist nicht nur für die Entwicklung gemeinsamer bzw. abgestimmter Strategien, sondern auch für das operative Geschäft ein grosser Vorteil.

Marketing und Vertrieb haben oft eine unterschiedliche Sprache.

Unterschiedliche Denkwelten: Mitarbeiter aus Marketing und Vertrieb unterscheiden sich häufig auch bezüglich ihrer Denkwelten. Dazu gehören z.B. Unterschiede bezüglich Präferenzen (z.B. Kunden, Finanzzahlen, Produkte), Vokabular (z.B. Fachausdrücke), Persönlichkeiten (z.B. analytisch oder beziehungsorientiert), Zeithorizonten (kurzfristig oder langfristig), Ausbildungsniveau (z.B. Akademiker, praktische Ausbildungen). Diese Unterschiede erschweren eine verständliche Kommunikation und die Bereitschaft, sich aufeinander einzulassen. Es empfiehlt sich zum einen, dieses Problem offen zu diskutieren. Dies kann z.B. in Workshops stattfinden. Eine andere Möglichkeit bietet regelmässige Teamarbeit mit gemeinsamen Zielen. So lernt man die Denkwelten gegenseitig besser kennen und schätzen. Der vermeintliche Nachteil erweist sich so sogar als Vorteil, wenn die Unterschiede zu neuen Ideen führen.

'Neben der adäquaten organisatorischen Eingliederung, braucht es auch die richtige Persönlichkeit, welche ihre Rolle auch wirklich aktiv wahrnimmt' (Armin Brun, Leiter Markt und Vertrieb, Die Schweizerische Post – PostFinance, Bern).

'Oft gibt es eine Kluft zwischen tatsächlichem Nutzen des Marketing und dem wahrgenommenen Nutzen. Diese Kluft kann durch nachweisbare Erfolge überbrückt werden. Marketingaktionen müssen messbar gemacht werden, man muss aufzeigen, dass sie finanzielle Resultate (Accountability) bringen' (Uwe Tännler, Präsident Swiss Marketing, Olten).

Organisation: Schnittstellen entstehen durch Arbeitsteilung. Die Unternehmensstruktur definiert die Schnittstellen zwischen Bereichen im Rahmen der Aufbauorganisation. Organisatorische Barrieren entstehen weiter durch unterschiedliche Prioritäten bei der Aufgabenerfüllung und den Verantwortlichkeiten, also im Rahmen der Ablauforganisation. Ziele von Marketing und Vertrieb sollten harmonisiert werden. Das alte Sprichwort 'nur was gemessen wird, wird auch gemacht', gilt auch hier. Nur wenn diese Messgrössen gemeinsam verfolgt werden, wird der gewünschte Effekt erzielt. Als hilfreich erweist sich weiterhin die Prozessorientierung, bei der die Aufgaben von Marketing und Vertrieb klar beschrieben werden. So lässt sich z. B. die Strategieentwicklung als Prozess abbilden, in dem sowohl die Marketing als auch die Vertriebssicht berücksichtigt werden.

Zeitliche Verfügbarkeit: Dieser Aspekt spiegelt ein generelles Problem eines sehr dynamischen Umfeldes wider. Mitarbeiter und Führungskräfte in Marketing und Vertrieb haben immer mehr Aufgaben und damit für jede Aufgabe immer weniger Zeit. Es bedarf einer klaren Priorisierung. Wenn der Zusammenhang von Marketing und Vertriebsstrategie dem Zufall überlassen wird oder er eine geringe Priorität hat, verwundert es kaum, wenn die Inhalte nicht abgestimmt werden. Priorität auf diesem Aspekt ist ein Muss.

Grundorientierungen des Unternehmens prägen Schwerpunkte und Präferenzen

Marketinglogiken prägen die Grundorientierungen eines Unternehmens im Marketing.

Jedes Unternehmen hat auf Basis seiner Historie, seiner Wettbewerber und seiner eigenen Kompetenzen bestimmte Grundorientierungen entwickelt. Aus der Perspektive von Organisationswissenschaftlern sind diese in der Regel ein Teil der Unternehmenskultur. Aus Sicht des Marketing lassen sich diese z. B. in Form der Marketinglogik nach Belz (2009, S. 81 ff.) beschreiben:

'Die Marketinglogik eines Unternehmens beschreibt, wie das Marketingsystems eines Unternehmens funktioniert und wirkt. Die Marketinglogik prägt die Gewichte der Lösungen, die Spielregeln im Unternehmen, die Ressourcen und Fähigkeiten, die Budgetprozesse sowie die angewendeten Erfolgskriterien' (siehe Kapitel 7, S. 82 ff.).

Die eingangs dieses Beitrags erwähnten Unternehmensbeispiele lassen sich z. B. den folgenden Marketinglogiken zuordnen:
- Procter & Gamble ist am ehesten ein sogenannter 'Markenmanager' mit den Schwerpunkten auf ein professionelles Markenmanagement, globale Strategien sowie nationalem Key Account Management.
- Swisscom kann im B2B Geschäft als 'Customer Focus und Segmentierer' mit den Schwerpunkten auf Kundenorientierung, und Kundenprozessen, Kundenbindung und Dialogmarketing beschrieben werden.
- John Deere repräsentiert aus Marketingsicht die 'Kooperierer' mit dem Focus auf Kooperationen im Distributionsbereich und kooperative Leistungssysteme in der Kommunikation und im Service.
- Würth entspricht dem sogenannten 'Vertriebler' mit Schwerpunkt auf dem eigenen Aussendienst, Akquisition, qualifizierte Beratung, Cross Selling usw.

Diese Logiken beschreiben Schwerpunkte und Grundausrichtungen in den genannten Unternehmen. Sie erklären damit, warum idealtypische Konzepte zwischen Marketing und Vertrieb nur teilweise erfolgreich sind. Sie können helfen, die Mitarbeiter dafür zu sensibilisieren, warum Konflikte auftreten und wie diese zu lösen sind.

Marketinglogiken sind dann robust und nachhaltig erfolgreich, wenn sie dem Unternehmen einen Wettbewerbsvorteil verschaffen. Die Marketing- und Vertriebsaktivitäten, welche die jeweilige Logik prägen, sind daher zu Recht wichtiger und dominanter als andere. An der grundsätzlichen Empfehlung zur Entwicklung von Marketing- und Vertriebsstrategie sowie an der Wirksamkeit der formulierten Hinweise zur Zusammenarbeit ändern sie nichts.

Zusammenfassende Handlungsempfehlungen
Unternehmen, die ihre Marketing- und Vertriebsaktivitäten erfolgreich steuern wollen, sollten eine explizite Marketing- und eine explizite Vertriebsstrategie entwickeln. Dabei sollte die Marketingstrategie die Positionierungsstrategie sowie das Kernaufgabenprofil beschreiben und so gezielte Vorgaben für den Vertrieb machen. Informationen aus dem Ver-

trieb müssen bei der Formulierung der Marketingstrategie zwingend berücksichtigt werden. Es bietet sich daher an, die Marketingstrategie gemeinsam bzw. mit Unterstützung des Vertriebs zu erstellen.

Die Vertriebsstrategie beschreibt, mit welchen Verkaufsprozessen bzw. -aktivitäten die in der Unternehmens- bzw. Marketingstrategie formulierten ökonomischen Ziele und Positionierungsziele erreicht werden sollen und wie die Verkaufsarbeit grundsätzlich organisiert und strukturiert werden soll. Hier kommt es bei der Erstellung der Strategie auf das Wissen der Mitarbeiter vor Ort an, das heisst der Vertriebsmitarbeiter.

Lassen sich Schnitt- in Verbindungsstellen zwischen Marketing und Vertrieb ändern?

Die Schnittstelle zwischen Marketing und Vertrieb sollten zu einer Nahtstelle gemacht werden. Dazu dienen räumliche Nähe, offene Kommunikation, klar definierte Prozesse, gemeinsame Workshops, Events u.a. Es geht um die bewusste Gestaltung der Zusammenarbeit.

Grundorientierungen im Sinne einer Marketinglogik geben bestimmte Richtungen vor und setzen Akzente. Sie zu verstehen und richtig zu steuern ist unerlässlich.

Schlüsselfragen für Entscheider
1. Welchen Stellenwert haben Marketing und Vertrieb in Ihrem Unternehmen für den Erfolg? Interpretieren Sie Marketing als Vertriebsunterstützung?
2. Wie verbinden Sie Unternehmens-, Marketing- und Vertriebsstrategie wirksam?
3. Welche Herausforderungen erkennen Sie im Zusammenspiel zwischen Marketing und Vertrieb?
4. Wie steigern Sie den Einfluss des Marketing durch ein besseres Zusammenspiel von Marketing und Vertrieb?

Empfohlene Quellen

Becker, J. (2006): Marketingkonzeption, 8. Auflage. München: Vahlen.

Belz, Ch./Bussmann, W. (2002): Performance Selling. München: Moderne Industrie.

Dannenberg, H./Zupancic, D. (2008): Spitzenleistungen im Vertrieb. Wiesbaden: Gabler.

Elfroth, A./Neckermann, S./Zupancic, D. (2006): Kundenzufriedenheit: Ein Konzept zur Messung und Verbesserung im Business to Business Geschäft. Düsseldorf: Symposion.

Griffin, A./Hauser, J.R. (1996): Integrating R&D and Marketing: A Review and Analysis of the Literature, in: Journal of Product Innovation Management, Vol. 13, S. 191–215.

Kotler, P. (2002): Marketing der Zukunft. Frankfurt a. M.: Campus.

Kuss, A./Tomczak, T./Reinecke, S. (2009): Marketingplanung, 6. Auflage. Wiesbaden: Gabler.

Porter, M. (1995): Wettbewerbsstrategie. Frankfurt a. M.: Campus.

Zupancic, D. (2007): Optimierung der Kundenorientierung durch professionelles Management der internen Schnittstellen zum Marketing, Absatzwirtschaft Science Factory, 05/2007.

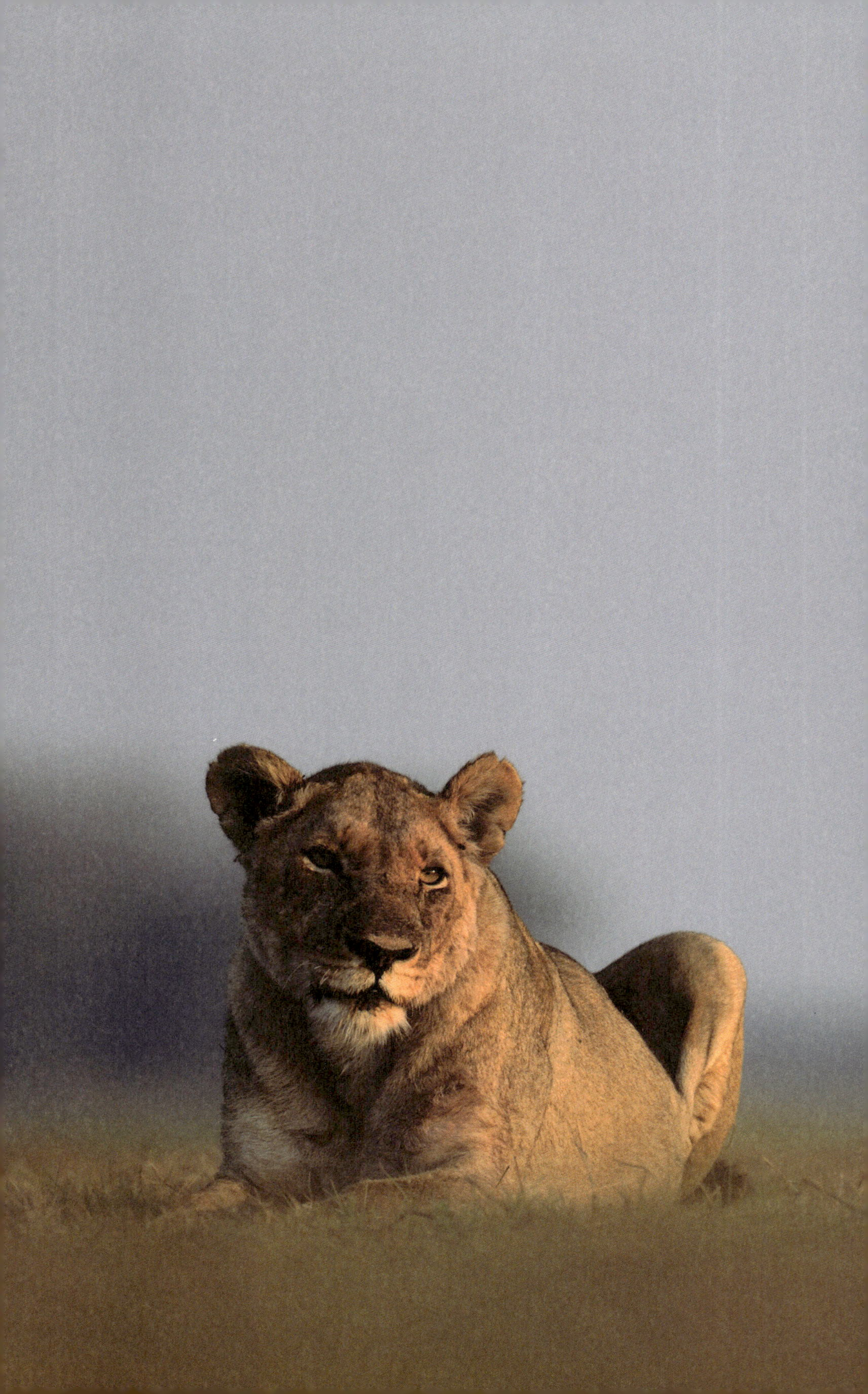

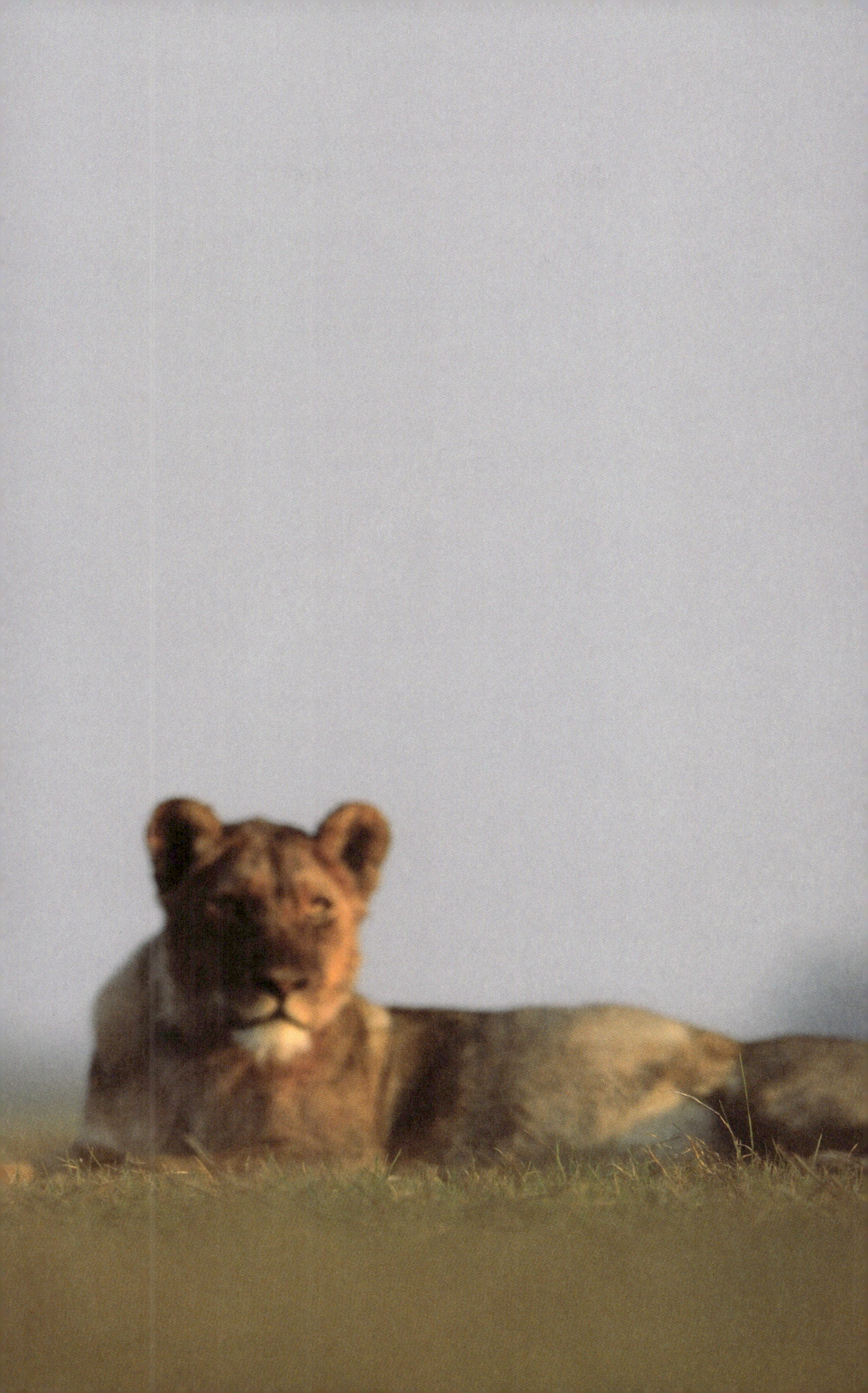

Marketingrealisierung

12. **Marketingorganisation und -spezialisierung:** Wie wird Marketing im Unternehmen verankert? Wie wird Marketing spezialisiert?

13. **Marketing und Technik:** Was behindert und beflügelt die Kommunikation zwischen Marketing und Technik?

14. **Qualifikation der Marketingleute für Morgen:** Wie sind Marketingleute für die Zukunft qualifiziert? Wie sollen sie sich entwickeln?

15. **Marketing nach innen:** Wie lässt sich besser umsetzen? Braucht es mehr Marketing für das Marketing?

16. **Erfolgreiche Marketingarbeit:** Wie realisiert Marketing die richtigen Initiativen?

12. Marketingorganisation und -spezialisierung

© Fischer/allvisions

Unternehmen, Marketing und Märkte sind zunehmend komplexer und befassen sich demgemäss oft mit sich selbst anstatt mit den Märkten und Kunden.

Mit geeigneten Strategien, Strukturen, Dyaden, Prozessen und Informatik sowie Projekten und Teams lässt sich eine effiziente Leistung für attraktive Kunden gestalten.

Marketing unterschätzt die Infrastrukturen sträflich, wenn es sich nur auf freischwebende Marketingkonzepte ausrichtet.

Marketingkomplexität (Belz 2009, S. 133 ff.)
Unternehmen brauchen verschiedene Kompetenzen. Die funktionale Kompetenz reicht von Human Resources, Controlling bis Marketing. Die Leistungskompetenz schliesst Fähigkeiten der Technik, Produktion und Logistik ein. Die Kundenkompetenz betrifft die Fähigkeit, die Leistung für Segmente und einzelne Kunden umzusetzen. Mit der Kanalkompetenz erreichen Anbieter ihre Kunden über verschiedene Kanäle von persönlichem Direktverkauf bis E-Business. Die Länderkompetenz erfasst die Fähigkeit mit verschiedenen Konstellationen in vielfältigen Märkten umzugehen. Diese Kompetenzen gilt es für jede Kundensituation zu kombinieren. Daraus entsteht Komplexität (siehe Abbildung 6.2, S. 71).

Unternehmen beschäftigen sich zunehmend mit sich selbst.

'Jeder Spezialist steht heute irgendeinem Team von Spezialisten vor: Es kann heute einer noch so sehr Spezialist sein, es gibt in seinem Spezialgebiet immer noch Spezialgebiete, die immer noch Spezialisten hervorbringen' (Friedrich Dürrenmatt).

Positive Entwicklungen oder Erfolg werden gleich mehrfach durch verschiedene Stellen beansprucht. Erfolg hat bekanntlich viele Väter.

Entsprechend lang ist auch die Liste der Differenzierungen sowie von organisatorischen Einheiten im Marketing (ausführlich Belz 2007, S. 363 ff.). Spezielle Verantwortliche für Business Development, Markenführung, Customer Relationship Management, klassische Werbung, Direktmarketing, Internetmarketing, Vertrieb, Innendienst, Marktforschung, Produkte und Services, Kundensegmente, Kanäle und Länder sind besonders in Konzernen anzutreffen. Zudem sind die Zentralen, Sparten oder Ländereinheiten oft nach unterschiedlichen Kriterien organisiert und es fehlt damit der Durchgriff der Einheiten nach oben oder zum Markt.

Spezialisierung als Problem
Spezialisierung war für manche Unternehmen eine Lösung, um mit überschaubaren und getrennten Einheiten zu sichern, dass sich Experten intensiv für wichtige Disziplinen des Marketing einsetzen und sich nicht zersplittern. Spezialisierung

ist inzwischen aber ein grosses Problem, weil besonders für wichtige Neuerungen oder anspruchsvolle Kundenaufträge der Aufwand für Koordination und Politik in Unternehmen immens zunimmt. Politik bedeutet, dass Verbündete gewonnen werden müssen, vielleicht mit der Gegenleistung, sie wieder bei ihren Vorhaben zu unterstützen. Die Zahl der Sitzungen, Projektteams und internen E-Mails steigt ins Unermessliche.

Immer neue Spezialisten sind Indiz der Orientierungslosigkeit von Unternehmen.

Wenn Wachstum und Schub fehlen, so wachsen in der Regel neue Differenzierungen in der Organisation. Flankierend wird nach mehr Synergien gerufen.

Die Vorstellung von 40%-Unternehmen ist krass. Spezialisten meinen, dass sie zwar hart arbeiten, aber nur 40% ihrer Ergebnisse werden in der Organisation verwertet.

Jede Spezialeinheit braucht viel Kraft, um intern zu beweisen, dass sie wichtig ist. Spezialisten sind für ihre besondere Aufgabe verantwortlich. So versucht beispielsweise der Markenverantwortliche brillant seinen Beitrag zum Unternehmenserfolg zu dramatisieren, ebenso wie der Spezialist für Direktmarketing. Beide scheinen die Retter des Unternehmens und zeigen, wie unverzichtbar sie sind. Keiner wird den Kollegen als wichtiger bezeichnen. Spezialisten bewerten ihre Arbeit nicht am Beitrag zum Ganzen, sondern am Gewicht (z. B. Budget und Personal), welches sie erreichen. Eine Optimierung lässt sich aus diesem Kampf nicht erwarten. Gleichzeitig wächst das Gefühl, dass eingebrachte Konzepte und Vorschläge nur noch zu 40% gebraucht werden.

Grundsätzlicher Ansatz

Unternehmen sollten sehr vorsichtig und selektiv neue Spezialeinheiten schaffen, wenn auch nicht alle Themen des Marketing bearbeitet werden. Eine klare Ausrichtung des Unternehmens überwiegt oft die Nachteile einer einseitigen Struktur. Die durchgängige Organisation von Zentrale und weiteren Einheiten ermöglicht erst die wirksame Zusammenarbeit von oben nach unten (und umgekehrt). Oft ist es also besser, mit den Nachteilen einer einseitigen Organisationsform umzugehen, statt laufend neue Einheiten für weitere Aspekte zu gründen.

Wir brauchen wieder mehr Generalisten mit 'Kraft und Saft' im Marketing, sonst werden die Unternehmen handlungsunfähig. Es gilt, komplexe Organisationen zu vereinfachen und Spezialisten zusammen zu legen (oder auf sie zu verzichten). Für temporäre Themen gilt es, besser externe Ressourcen zu nutzen. Die Weiterbildung muss den Anschluss der Spezialisten an übergreifende Themen sichern und nicht in jeder Spezialdisziplin noch mehr vertiefen.

Es gilt, die übergreifende Aufgabe des Marketing und von Innovationen auch durch Strategien, Planungs- und Budgetprozesse, temporäre Teams sowie Projekte zu stärken. Sie verbinden die Spezialisten wirksam und orientieren sich am Kunden.

Marketingaktivitäten verbinden

Wie Marketing mit Schnitt- oder besser Verbindungstellen umgeht, bestimmt seine Position im Unternehmen. Isolation und Abgrenzung sind keine Option.

Trennung und Verbindung bezeichnen das wichtige Spannungsfeld der Organisation. Folgende Abbildung 12.1. zeigt wichtige Ansätze im Überblick, um getrennte Marketingeinheiten wieder stärker zu verbinden.

Die Kundenorganisation gewinnt langfristig.

Ansatz	Fragen	Lösungsbausteine
Strategie	Richtet die Strategie die Beteiligten motivierend aus? Fördern Planungs- und Budgetprozesse die gemeinsamen sowie übergeordneten Ziele und Massnahmen? …	• Maxime der Kundennähe (siehe Kapitel 6) • Klare und akzeptierte Strategie • Beteiligung des Marketing und Vertriebs an Zertifizierungen, Risikomanagement, Governance und Compliance • Aufgabenorientierte Planungs- und Budgetprozesse, welche übergeordnete Ziele vor Abteilungs- und Teilzielen setzen • klares 'Go to Market Model' • starke Markenführung • erfolgsfördernde Unternehmenskultur • …
Struktur	Ist Marketing hierarchisch nahe der Geschäftsleitung angesiedelt? Entsprechen sich Marketingeinheiten der Zentrale und der Einheiten (z.B. Sparten, Ländereinheiten)? Ist das Marketing geeignet spezialisiert (Marktforschung, Kommunikation, Customer Relationship Management usw.)? Stehen Marketing, Kundendienst, Produktmanagement und Vertrieb unter der gleichen Führung? Stehen Innen- und Aussendienst unter der gleichen Führung? Lassen sich überschaubare Einheiten bilden, die alle wichtigen (Marketing-) Funktionen integrieren? …	• Kundenorganisation vor weiteren Differenzierungen • hierarchisch hohe Zuordnung des zentralen Marketing • Marketingpersönlichkeiten im Top-Management • Starke Gewichtung des Marketing und Verstärkung durch externe Dienstleister • Selektive Spezialisierung des Marketing • definierte Marketingaufgaben von 'Nichtmarketing-Leuten' • Zusammenfassung von Marketing, Vertrieb und Kundendienst (evtl. Produktmanagement) • Zusammenfassung von Innen- und Aussendienst • …

	Ansatz	Fragen	Lösungsbausteine
Entscheidend ist der Anschluss des Marketing an die Technik und den Vertrieb.	Dyaden	Wer sind die wichtigen Partner im Unternehmen für das Marketing? Lässt sich das Zusammenspiel mit wichtigen Partnern verbessern? ...	Zusammenspiel und gegenseitige Wertschätzung von: • Top-Management und Marketing • Technik und Marketing • Produktmanagement, Kundendienst und Marketing • Vertrieb und Marketing • Innen- und Aussendienst • ... Definierte Herausforderungen und Lösungen (inkl. Teams und Projekte (siehe unten)).
Informatik kann die Wirkung des Marketing potenzieren. Dazu braucht es das Engagement der Marketer.	Prozesse und Informatik	Welche Prozesse sind für den Erfolg des Unternehmens entscheidend? Welche Spezialisten aus unterschiedlichen Einheiten sind beteiligt? Welche Prozesse sind im Marketing wichtig und welche Marketingspezialisten sollen beitragen? Wie unterstützen Informatik und Informations- sowie Kundeninformationssysteme die wichtigen Prozesse für Kunden? ...	Definierte Schlüsselprozesse mit dem Beitrag verschiedener Unternehmens- und Marketingeinheiten, z.B. (Diller/Ivens 2006): • Kundenprozesse (Identifikation, Information, Handlung) • Offert-/Angebotsprozesse (z.B. bei wichtigen Ausschreibungen) • differenzierte Auftragsabwicklung (Standard- und Sonderprozesse) • Produkteinführung • Erschliessung neuer Kundengruppen • Erschliessung neuer geographischer Märkte • Modulare Marketinglösungen • ... Informatikunterstützung für Unternehmens- und Marketingprozesse
Die Projektzahl und -vielfalt übersteigt die Ressourcen des Unternehmens oft gewaltig, denn projektieren ist leicht, aber umsetzen aufwändig.	Projekte und Teams	Wie wird in Projekten und permanenten Teams sichergestellt, dass die Beiträge verschiedener Einheiten mobilisiert werden? ...	• Projektportfolio • Projektmanagement • Teams zu neuen Markt-/Leistungsbereichen • Teams für Planung und Budgetierung • ...

Abbildung 12.1: Ansätze der Verbindung von getrennten Marketingaktivitäten

Die aufgezeigten Faktoren hängen zusammen. So kompensieren manche Unternehmen mögliche Nachteile der Struktur für Markt- und Kundenorientierung mit Prozessorientierung, Projekten oder Teams.

Schliesslich gehört die Zukunft mehr und mehr der kundenorientierten Organisation. Kundeneinheiten prägen die Organisation stärker als Funktionen, Produkte und Länder. Ein Unternehmen braucht auch die Dimensionen Produkt, Länder und Funktionen. Der Anteil der Personen, die in Kunden und Segmenten denken und handeln, muss aber schritt-

Marketing befasst sich hauptsächlich mit delegierten Aufgaben.

weise grösser werden. Manche Unternehmen wie beispielsweise ABB, StarragHeckert, Swisscom, Zurich und viele Andere haben die Kundenorganisation bereits eingeleitet.

Entscheidend ist es, das Zusammenspiel zwischen Technik, Marketing und Vertrieb zu optimieren. Ziel ist es, die interne Kraft für attraktive Kunden zu mobilisieren. Dazu braucht es Nähe und gegenseitige Akzeptanz. Es genügt nicht, die Aufgaben zu klären, Funktionendiagramme zu verabschieden und organisatorische Richtlinien einzuführen.

© Fischer/allvisions

Löwen fressen nach ihrer Rangordnung, zuerst die Männchen, dann ranghohe Weibchen, dann normale Weibchen und zum Schluss die Jungtiere.

Schlüsselfragen für Entscheider
(siehe auch Abbildung 12.1)
1. Welche Trends bei Kunden, im Wettbewerb und im Umfeld beeinflussen die Marketingorganisation und -führung?
2. Welche Strategien gilt es zu verwirklichen?
3. Welche Dimensionen der Marketingspezialisierung sind im Unternehmen zu berücksichtigen und wie in Zukunft zu gewichten? Nach welchen Dimensionen funktionierte das Unternehmen bisher? Denken beispielsweise die Führungskräfte und Mitarbeiter in Funktionen, Produkten oder Ländern? Stimmen die Gewichte für die Zukunft?
4. Welche Lösungen in Struktur, Dyaden, Prozessen und Informatik, Teams und Projekten steigern die Leistungsfähigkeit des Unternehmens für Kunden und den Einfluss des Marketing?
5. Werden bestehende Aufgaben des Marketing richtig gewichtet? Welche neuen Aufgaben des Marketing gilt es stärker zu gewichten? Muss eine Phase der Umstellung besonders berücksichtigt werden?
6. Welche Marketingaufgaben werden nur zentral oder nur dezentral erfüllt und wie lassen sich zentrale und dezentrale Aktivitäten verbinden? Welche Schlüsselaufgaben sind auf allen Ebenen des Unternehmens zu verankern?
7. Wie gewinnen die Marketingspezialisten genügend Einfluss im Unternehmen? Welche Ressourcen sind für die Spezialisierung einzusetzen?

Empfohlene Quellen

Belz, Ch. (2007): Organisation und Spezialisierung für ein innovatives Marketing, in: Belz, Ch./Schögel, M./Tomczak, T. (2007): Innovation Driven Marketing. Wiesbaden: Gabler, S. 363–400.

Diller, H./Ivens, B. S. (2006): Process Oriented Marketing, in: Marketing JRM, No. 1, pp. 14–29.

13. Marketing und Technik

Das Verhältnis von Naturwissenschaften und Technik auf der einen Seite und Marketing auf der anderen Seite ist geprägt von Vorurteilen und Berührungsängsten, obwohl beide im wirtschaftlichen Umfeld aufeinander angewiesen sind.

Kernfrage ist: Was gilt es zu tun, um die Sichtweise beider Parteien einander anzunähern und so dem Marketing bei einer wichtigen Zielgruppe zu grösserem Einfluss zu verhelfen?

© Fischer/allvisions

Programm und Herausforderungen

Einleitend steht die Wichtigkeit der Annäherung von Marketing und Technik im wirtschaftlichen Umfeld. Anschliessend folgt die Suche nach den Ursachen für die Vorurteile und Berührungsängste und zum Schluss dann die Folgerung, was es zu tun gilt, um die Sichtweisen beider Parteien einander anzunähern. Damit gelingt es sicher auch, den Einfluss des Marketing bei einer wichtigen Zielgruppe zurückzugewinnen. Hinweise zur praktischen Marketingausbildung für Naturwissenschaftler und Ingenieure runden diesen Beitrag ab.

In einem kritischen Diskurs werden beide Perspektiven, die des Marketing und diejenige der Technik/Naturwissenschaften eingenommen. Dieser Beitrag zeigt zwar viel Trennendes zwischen den beiden Lagern auf; das Verbindende soll jedoch keinesfalls zu kurz kommen.

Eines fällt auf: Die Naturwissenschaftler und Techniker stehen häufig dem Marketing als wissenschaftliche Disziplin bedeutend kritischer gegenüber als die Marketingleute den Naturwissenschaften und der Technik. Das Zitat nebenan bestätigt diese Einschätzung.

'Sie haben vor Jahrzehnten in Basel Physik studiert. Und gelandet sind Sie an der Universität St.Gallen im Marketing.'
Grussadresse eines Physikprofessors an einen seiner ehemaligen Studenten.

Marketingkreise hingegen setzen die Feststellung 'er oder sie ist ein Techniker/Ingenieur' häufig mit 'er oder sie ist keine markt- und kundenorientierte Person' gleich. Selten wird jedoch die Technik an sich in Frage gestellt.

Dies sind klar Vorurteile, die es zu berichtigen gilt: Ingenieure sind bestrebt, Kundenwünsche zu erfüllen und sie werden die Hilfe des Marketing dankend annehmen. Viele nehmen täglich in mehr oder weniger starker Ausprägung Marketing- und vor allem Vertriebsaufgaben wahr. Sie empfinden dies nicht als Rückschritt, sondern als Bereicherung ihrer Arbeit und Karriere.

Ein wichtiges Anliegen dieses Kapitels ist es, die Ursachen für diese Vorurteile zu erforschen und sachlich zu entkräften.

Der harte Wettbewerb fordert eine konsequente Kundenorientierung. Dieses Paradigma wird nicht mehr in Frage gestellt. Deshalb braucht jeder Naturwissenschaftler und Ingenieur in einem Wirtschaftsunternehmen, von wenigen Ausnahmen einmal abgesehen, für sein berufliches Fortkommen eine solide Grundausbildung im Marketing. Der Marketingspezialist hingegen kann häufig ohne tiefere Kenntnisse in den Naturwissenschaften oder der Technik die Karriereleiter emporklettern.

> 'Ich denke, dass die Absolventen der Betriebswirtschaftslehre mit einer gewissen distanziert-bewundernden 'das-werde-ich-nie-wirklich-verstehen-muss-ich-aber-auch-nicht'-Haltung an die Sache herangehen. CD-Spieler und iPod funktionieren ja auch, wenn ich nicht weiss, weshalb. So gesehen vertraut das Marketing der Technik ziemlich blind' (CEO eines Nanotechnologie Startup Unternehmens).

In Diskussionen über Beruf und Karriere sind sich viele Naturwissenschaftler darüber einig, dass sich ihre Ausbildung – etwas übertrieben formuliert – 'eher als interessantes Hobby denn als Mittel zum schnellen Reichtum' eignet. Diese Meinung wird vielfach durch die Vermutung gestützt, dass ein Studium der Betriebswirtschaftslehre zur Erreichung des letzteren Ziels sowieso die bessere Alternative gewesen wäre.

Als weiteres Motiv, Marketing zu erlernen, kann auch grundsätzliches Interesse und Neugier genannt werden: Mancher Techniker wüsste gerne, was den Kunden motiviert und antreibt und wie man 'richtig' verkauft. Die Gründer von Hightech-Start-Up-Unternehmen in der Technik erfahren diese Ausbildungslücke sehr schmerzlich, wenn sich der Markterfolg ihrer technischen Meisterleistungen, die an der Grenze des Machbaren liegen, partout nicht einstellen will. Man kann letzteres Phänomen gut mit der Aussage 'solutions looking for a problem' beschreiben.

Daraus resultiert ein steigender Ausbildungsbedarf im Marketing. Dieser wird, wie die zunehmende Zahl der Studierenden des Grundlagenkurses Marketing an der Eidgenössischen Technischen Hochschule in Zürich zeigt, entweder während des Grundstudiums gestillt, oder die Ausbildung wird in späteren Jahren im Rahmen eines Zusatzstudiums oder einer Zusatzausbildung in den betriebswirtschaftlichen Disziplinen nachgeholt. Das wird als Führungskräfteweiterbildung bezeichnet und steht hier zur Diskussion.

Andere Länder – andere Sitten – andere Vorurteile: Vertriebspartner wiesen den Verfasser darauf hin, auf seiner japanisch übersetzten Visitenkarte bitte den Doktortitel der Naturwissenschaften wegzulassen. Als Grund wurde genannt, dass promovierte Naturwissenschaftler in Japan nur an Hochschulen zu finden wären und nicht in den 'Niederungen' des Verkaufs.

Inhaltlich ist es einerlei, ob jemand Marketing im Rahmen einer Generalistenausbildung, beispielsweise zum Executive Master of Business Administration, oder in Marketingkursen lernt. Viele betriebswirtschaftliche Fakultäten der Hochschulen und Universitäten sowie privatwirtschaftlich geführte Weiterbildungsinstitution profitieren von dieser Nachfrage.

Bemerkenswert ist jedoch, dass es nirgends ein äquivalentes Ausbildungsangebot in Technik oder Naturwissenschaften für BWL-Absolventen gibt. Besteht vielleicht keine Nachfrage? In Diskussionen stellt man jedenfalls fest, dass Marketingleute häufig gerne wüssten, was bei den Kollegen in der Technik in den Köpfen abläuft und wieso gewisse, scheinbar einfache Dinge nicht so wie angedacht funktionieren.

Die Aus- und Weiterbildungsmöglichkeiten für ältere, erfahrene Naturwissenschaftler und Ingenieure sind auf dem technischen Gebiet hingegen vergleichsweise dünn gesät. Die Weiterbildung findet auf Fachtagungen und Kongressen statt. Die Unternehmen stillen ihren Fachkräftebedarf in der Regel mit Absolventen frisch von der Hochschule. Eine intensivierte Fortbildung könnte den oft beklagten Mangel an Spezialisten decken.

Für erfahrene Mitarbeiter ergeben sich generell interessante Karrierepfade ausserhalb der Technik. Für sie kommen Positionen in der Unternehmensleitung, in Marketing und Vertrieb sowie in weiteren Bereichen, wie im Patentwesen, der Qualitätssicherung und der Produktion, in Frage. Dort können Sie ihre Erfahrungen und ihr Wissen über die Lösung von Kundenproblemen ausgezeichnet einbringen. Den Autoren sind keine Fälle bekannt, wo Marketing- und Vertriebsleute erfolgreich in die Technik hinübergewechselt sind.

Vom Ausbildungs- bzw. Karrierepfad her scheint es, dass die Richtung weg von den Naturwissenschaften und der Technik hin zum Marketing eindeutig dominiert. Der Elektroingenieur

Diode: Ventil für den elektrischen Strom

würde dieses Phänomen mit demjenigen einer 'Diode mit vernachlässigbarem Sperrstrom' vergleichen.

Weiter ist folgender Befund interessant: In den Marketinglehrgängen an der Eidgenössischen Technischen Hochschule in Zürich wurde den Studierenden in der ersten Lektion die folgenden beiden Aussagen zur Definition des Marketing zur Auswahl vorgestellt:
(1) 'Marketing ist marktgerichtete und marktgerechte Unternehmenspolitik', bzw.
(2) 'Marketing – das ist die Kunst, Leuten Dinge anzudrehen, die sie nicht brauchen, die sie mit Geld kaufen sollen, das sie nicht haben, um jenen zu imponieren, die sie nicht mögen.'

© Fischer/allvisions

Löwen haben den grössten Jagderfolg, wenn sie im Rudel ihre Jagdtechnik eng aufeinander abstimmen. Die Ausdauer der Löwen ist gering, ihre Höchstgeschwindigkeit liegt bei 50 km/h. Die Beutetiere wie Antilopen, Gnus, Gazellen, Büffel und Zebras sind meist schneller, deshalb pirschen sich die Löwen unbemerkt an und gehen taktisch geschickt vor. In der Serengeti sind 14% der Angriffe auf Riedböcke und 32% der Angriffe auf Gnus erfolgreich. Vor allem Weibchen jagen, sie nutzen die Dunkelheit und die kühlen Morgenstunden.

Ohne grosse Ansprüche an die Validität und Reliabilität dieser Empirie zu stellen, war es immer wieder erstaunlich festzustellen, wie viele Studierende sich durch Handerheben zur Aussage (2) bekannten. Das richtig zu stellen, war eines der Anliegen des Kurses. Beide Definitionen stammen übrigens aus der spitzen Feder von Heinz Weinhold-Stünzi (1926–2004), Gründer des Instituts für Marketing der Universität St.Gallen (Weinhold-Stünzi, 2000, S. 105.).

Marketingleute mögen entgegenhalten, dass sich insbesondere die Naturwissenschaftler vielfach, eigentlich oder sogar am liebsten, mit Dingen beschäftigen, die im praktischen Alltag keinerlei Bedeutung haben oder je haben werden, wie beispielsweise die Relativitätstheorie von Albert Einstein. Das mag zwar so scheinen, dennoch versagt dieses Argument gerade bei der Relativitätstheorie: Ohne den Einbezug der relativistischen Korrekturen wären die Satellitennavigationsgeräte (GPS: Global Positioning System) niemals in der Lage, die vom Kunden verlangten, metergenauen Positionsbestimmungen vorzunehmen.

Der Bedarf an Interaktion und Kommunikation zwischen Marketingleuten und Technikern ist somit im weitesten Sinne nachgewiesen. Es gilt jetzt der Frage nachzugehen, worauf die im Feld beobachteten Vorurteile und Berührungsängste eigentlich beruhen.

Einsicht in diese Phänomene gewinnen wir über einen Vergleich der beiden Disziplinen und ihrer jeweiligen, typischen Epistemologie, der Bewertung und Begründbarkeit von Erkenntnis in ihrem Gebiet.

Die Weltsichten von Naturwissenschaften und Technik sowie des Marketing

Der Diskurs zwischen Marketing und Technik/Naturwissenschaften ist insofern fundamental erschwert, als die höhere Mathematik als wichtigstes Verständigungsmittel in Naturwissenschaften und Technik im Marketing fast keine Bedeutung hat und nicht erlernt wird. Das behindert zumindest in vielen Bereichen den Austausch.

Der postmoderne französische Philosoph Jean-Francois Lyotard vertritt die Auffassung, dass es keine geschlossene Weltsicht im sprachlichen Austausch gibt.
Kein Wunder also, dass Marketing und Technik nicht immer kommunizieren können.

Naturwissenschaftler und Techniker sind somit gezwungen, anders zu kommunizieren, wenn sie es nicht mit Fachkollegen zu tun haben. In unserer informationsüberlasteten Gegenwart gilt es, Dinge einfach und markant herüber zu bringen. Ein Naturwissenschaftler oder Techniker kann als Führungskraft nur dann Erfolg haben, wenn ihm das gelingt.

Aus Sicht der Erkenntnistheorie orientieren sich die Naturwissenschaftler und Ingenieure vielfach (noch) am Positivismus Mach'scher Prägung (u. a. begründet vom Physiker und Philosophen Ernst Mach (1838–1916)). In dieser philosophischen Position werden einzig mittels Interpretation naturwissenschaftlicher Beobachtung gegebene Befunde akzeptiert.

Karl Popper (1902–1994), österreichisch-britischer Philosoph

Kein Naturwissenschaftler ist jedoch so vermessen zu leugnen, dass es auch andere Wissenschaften gibt, die gleichfalls ihre anerkannten Regeln haben. Marketing gehört zu den Sozialwissenschaften. Dort gilt, wie in allen Wissenschaften, Karl Poppers Postulat, dass ein wissenschaftliches Ergebnis falsifizierbar sein muss. Auch im Marketing gelten klare wissenschaftliche Normen.

Die folgenden Auszüge und Zitate aus einer Dissertation bringen die epistemologische Position des Marketing ausgezeichnet auf den Punkt:
'Die Arbeit [im Marketing, A. d. V.] folgt damit einem realitätsorientierten Forschungsverständnis, welches praxis-

relevante Problemstellungen aufgreift und sich zur Aufgabe macht, diese mit Hilfe eines 'theoriegeleiteten Empirismus zu beschreiben, zu erklären und zu lösen'. Der diesem Ansatz zugrunde liegende wissenschaftliche Pluralismus verbindet die empirischen Grundelemente Realität, Theorie und Methodik und zielt darauf ab, das Verständnis für ein bestimmtes Phänomen auszubauen und zu verbessern.

[...] Die Forschungsdisziplin der Marketingwissenschaft ist eher dadurch geprägt, dass sich Erkenntnisse auf das Wissen verschiedenster Fachbereiche, wie z. B. die Psychologie, die Soziologie oder die Ökonomie, stützen und ein, weitgehend isoliertes Nebeneinander verschiedener theoretischer Zugänge' vorherrscht.

[...] Die pluralistische Herangehensweise des realitätsorientiertes Ansatzes unterstützt nicht nur die Einbeziehung verschiedener Theorien zur Bearbeitung wissenschaftlicher Fragestellungen, sie hebt zudem die Realität als wichtige Erkenntnisquelle hervor. Fehlen geeignete Theorien zur Erklärung bestimmter Phänomene, müssen praktische Erfahrungen herangezogen werden, um klärende Einsichten zu erhalten und vorhandene Theorien auszubauen. Wegen ihres explorativen Charakters kommt hierbei vor allem qualitativen Forschungsmethoden ein hoher Stellenwert zu [...]' (Wünsche, 2010, S. 8 ff.).

James Clerk Maxwell (1831–1879), schottischer Physiker, Begründer der modernen Elektrodynamik

Der Naturwissenschaftler sieht sich im Marketing mit einer fast unüberschaubaren Vielzahl von Modellen, Methoden und Paradigmen konfrontiert. Für Neueinsteiger ist deren Einordnung und Bewertung in Bezug auf ihre Tauglichkeit zur Lösung praxisnaher Probleme extrem schwierig. Die Hochschulen und besonders die Beratungsunternehmen speisen seit Jahren den Diskurs mit einer Inflation neuer Begriffsbildungen und Methoden (Belz/Bieger, 2006, S. 38 ff.). Es erstaunt daher nicht, dass jemand, der gelernt hat, die wichtigsten Inhalte und Folgerungen der Elektrodynamik und damit der Elektrotechnik, prinzipiell aus nur vier Gleichungen – den Maxwell'schen Differentialgleichungen – herzuleiten Mühe bekundet, sich im morastigen Marketinggelände zu orientieren.

Alleingelassen hilft einem Ingenieur die Lektüre eines der vielen tausendseitigen Marketing-Standardwerke nicht weiter. Deren Aneinanderreihung von Rezepten, exemplifiziert durch immer wieder die gleichen Marken, zeigt manchmal fast hagiografische Züge. Eher hilft die Lektüre eines Buches, wie 'Marketing-Theorie' von Alfred Kuss (2009). Kuss bestätigt und berichtet nicht nur das vorläufige Urteil, sondern sorgt für Orientierung durch sorgfältige Begriffsdefinitionen und -zuordnungen sowie die kritische Darstellung der Entwicklung der Marketingwissenschaft. Marketing, als Teildisziplin der Betriebswirtschaftslehre, ist eine relativ junge Disziplin. Lehrstühle für dieses Fach gibt es an den Hochschulen erst seit knapp einem halben Jahrhundert.

Marketingmodelle liefern begrenzte Erklärungen.

Eine Übersicht über die quantitativen Modelle in der Betriebswirtschaftslehre und im Marketing findet man im Buch von Christian Homburg (2000). Im Bezug auf das Marketing dämpft Homburg die Erwartungen der Leser (Homburg, 2000, S. 209): 'Mittlerweile hat sich allerdings die Erkenntnis durchgesetzt, dass diese Modelle für sich allein genommen zur Lösung von Marketingproblemen recht wenig beitragen können'. Er führt dies auf die Schwierigkeiten zurück, das Verhalten der Kunden in einem Modell zu erfassen.

Die nachfolgende Tabelle vergleicht die wichtigsten Attribute der Denkhaltungen der Techniker und Naturwissenschaftler und der Marketingleute sehr treffend und positiv:

Welt der Technik und Naturwissenschaften	Welt des Marketing
• Innovation und Erfolg durch elegante Technik.	• Fortschritt durch Kundennähe.
• Technik manchmal fast als Selbstzweck.	• Erfolg durch Umsatz und EBIT.
• Liebe zum letzten Detail.	• Entscheide häufig über das Bauchgefühl und die Intuition sowie gespeicherte Erfahrung.
• Scientific community, 'hard facts only'	• Kundenorientierung, 'soft facts' – 'you name it, we do it'.
• Marketing wird nicht als Wissenschaft gesehen oder akzeptiert.	• Wenig Verständnis für die Grenzen der Technik – alles ist letztlich machbar.
• Wenig Akzeptanz der Ungewissheit und Nicht-Planbarkeit im Marketing sowie dauernde Änderungen in Kundenprojekten.	• Anpassung an individuelle Kundenwünsche, flexible Preise.

• Beharrlichkeit, langfristige Ausrichtung, 'slow & perfect'.	• Schnelle Einführung/Lieferfähigkeit neuer Produkte, Kopieren von Konkurrenzerfolgen, 'quick & dirty'.
• Inside-out (Fähigkeiten, market-push).	• Outside-in (Bedürfnisse, market-pull).
• Technik in der Zentrale.	• Weltweites Marketing.
• Konzentration auf 'Hightech' und technische Leistungsfähigkeit.	• Flexibilität, Ausrichtung auf Marktchancen.
• Lösen von komplizierten Problemen, mit vielen, jedoch meist messbaren Einflussfaktoren sowie von komplexen Problemen mit Hilfe der Systemtheorie.	• Problemlösungsvarianten in komplexen Systemen, mit vielen Einflussfaktoren, Interdependenzen und damit schlecht strukturierbaren Entscheidungssituationen (Ulrich, 1992).

Komplex ist nicht gleichzusetzen mit kompliziert.

Diese Einschätzung findet ihre Begründung in den vorgestellten Argumenten. Man beachte, dass der Begriff Komplexität je nach Autor in den Naturwissenschaften anders gedeutet wird als in den Wirtschaftswissenschaften.

Ein Mann in einem Heissluftballon hat die Orientierung verloren. Er geht tiefer und sichtet eine Frau am Boden. Er sinkt noch weiter ab und ruft: 'Entschuldigung, können Sie mir helfen? Ich habe einem Freund versprochen, ihn vor einer Stunde zu treffen – und ich weiss nicht wo ich bin.'
Die Frau am Boden antwortet: 'Sie sind in einem Heissluftballon in ungefähr 10 m Höhe über Grund. Sie befinden sich auf dem 25° 20' 43'' S, 131° 2' 5'' O'.
'Sie müssen Ingenieurin sein', sagt der Ballonfahrer.
'Bin ich', antwortet die Frau – 'woher wissen Sie das?'
'Nun', sagt der Ballonfahrer – 'alles was sie mir sagten ist technisch korrekt, aber ich habe keine Ahnung, was ich mit Ihren Informationen anfangen soll und Fakt ist, dass ich immer noch nicht weiss, wo ich bin. Offen gesagt, waren Sie keine grosse Hilfe. Sie haben höchstens meine Reise noch weiter verzögert.'
Die Frau antwortet: 'Sie müssen im Management tätig sein.'
'Ja', antwortet der Ballonfahrer – 'aber woher wissen Sie das?'
'Nun', sagt die Frau – 'Sie wissen weder wo Sie sind, noch wohin Sie fahren. Sie sind aufgrund einer grossen Menge heisser Luft in Ihre jetzige Position gekommen. Sie haben ein Versprechen gemacht, von dem Sie keine Ahnung haben, wie Sie es einhalten können und erwarten von den Leuten unter Ihnen, dass sie Ihre Probleme lösen. Tatsache ist, dass Sie nun in der gleichen Lage sind, wie vor unserem Treffen, aber merkwürdigerweise bin ich jetzt irgendwie schuld!'

Konsequenzen für die Marketingausbildung

Heiligenlegenden und 'battle stories'

Zentraler Erfolgsfaktor für die Marketingausbildung von Naturwissenschaftlern und Technikern ist eine Klärung der Erwartungshaltung. Die Auszubildenden erwarten Begriffsdefinitionen und Theoriebildungen, ähnlich denen, die sie von ihrer Grundausbildung her kennen.

'Huhn-Ei'-Problematik

Marketing ist keine exakte Wissenschaft im Sinne der Naturwissenschaften. Weil in ihm vielfach eine quantitative Metrik fehlt, wenn man einmal vom Marketingcontrolling absieht, bewegen sich die Begrifflichkeiten oft an der Oberfläche; Mehrdeutigkeiten und damit Fehlinterpretationen von Aussagen sind jederzeit möglich. Über einen Begriff im Marketing, wie 'kritischer Erfolgsfaktor', lässt sich inhaltlich hervorragend streiten, über physikalische Grössen, wie 'Zug- und Druckspannungen in isotropen Festkörpern', jedoch kaum, weil es weder Doppeldeutigkeiten gibt noch irgendwelcher Interpretationsspielraum vorhanden ist.

Es gilt, den Naturwissenschaftlern und Technikern den unbestrittenen Nutzen des Marketing richtig zu 'verkaufen'. Grundsätzlich bietet das Marketing eine breite Palette von Modellen zum Verständnis und zur erfolgreichen Gestaltung unternehmerischer Aktivitäten in bestimmten Marktsituationen an.

Die vielfältigen Erklärungsmodelle, wie bspw. zum Kundenverhalten in einem Buying-Center, vermitteln nicht nur Einsicht, warum etwas so abläuft wie beobachtet, sondern zeigen auch auf, dass gewisse wiederkehrende Beobachtungen des Verhaltens natürlich und generalisierbar sind. Damit ist noch nicht dem Wunsch nach einer Theorie entsprochen, aus der zukünftiges Verhalten mit Sicherheit deduziert werden kann. Immerhin verliert der Einsteiger aber nicht ganz den Boden unter den Füssen.

Andere Modelle, wie bspw. die Backhaus'sche Typologie des Industriegütergeschäfts (Backhaus/Voeth, 2010), dienen nicht nur der Einordnung und Erklärung von Phänomenen, sondern bieten auch vielfältige Hinweise zu Gestaltungsvarianten der Geschäftsaktivitäten, wie zum Beispiel zur Vertriebsorganisation.

> Erwartungshaltung: 'Das Marketing muss mir halt sagen, was ich machen soll' (CTO eines Hightech Startup Unternehmens).

Es gilt, dem Anfänger frühzeitig klar zu machen, dass sich aus vernünftig argumentierten und mit Praxisbeispielen untermauerten Gestaltungsmodellen prinzipiell keine Aussagen über den zukünftigen Praxiserfolg der Rezepte ableiten lassen. Hier sei nochmals auf die Parallele zu den Heiligenlegenden hingewiesen: Es gibt keine zwei identischen Unternehmen IBM, Apple, Mc Donalds, CocaCola oder HILTI.

Die Tatsache, dass sich im Marketing häufig keine eindeutigen Ursache-Wirkungszusammenhänge finden lassen, unterstreicht diesen Sachverhalt: Ist ein Unternehmen beispielsweise erfolgreich, weil es eine starke Marke hat, oder resultiert die starke Marke aus dem Erfolg des Unternehmens? Von und mit dieser Ambiguität können viele Beratungsunternehmen ausgezeichnet leben. Mancher Naturwissenschaftler und Techniker sieht jedoch darin den letzten Beweis für die Richtigkeit seines Vorurteils, Marketing sei keine wissenschaftliche Disziplin.

Die Diskussion ist blockiert und an dieser Stelle hilft nur ein Wechsel der Perspektive weiter: Marketing ist nicht die Ursache – oder eine der Ursachen – für den Markterfolg von Unternehmen, sondern die Grundlage – oder eine der Grundlagen. In der Sprache der Mathematiker neu formuliert: 'Im Umfeld des Wettbewerbs ist die situationsgerechte Anwendung des Marketing eine notwendige, nicht aber hinreichende Bedingung für den Markterfolg von Unternehmen'.

In Kenntnis dieser Dinge lassen sich die Berührungsängste zwischen exakter Naturwissenschaft und Ingenieurskunst einerseits und vermeintlich weichem Marketing andererseits sicherlich überbrücken und bestehende Vorurteile abbauen. Damit schliesst sich der Kreis: Die eingangs erwähnte These ist bewiesen (q. e. d.).

Fazit für die Marketingausbildung

> Eineindeutig: umkehrbar eindeutig.

Sprache der Naturwissenschaftler und Techniker ist die Mathematik. Es gilt zu erklären, welche Bereiche des Marketing überhaupt einer rigorosen mathematischen Behandlung zugänglich sind.

Die Naturwissenschaften orientieren sich stark am Positivismus Mach'scher Prägung. Für den Techniker/Naturwissenschaftler ist die tendenziell konstruktivistische Weltsicht der Marketingleute absolutes Neuland. Es gilt die daraus resultierende Erwartungshaltung zu steuern. Die Akzeptanz von und der Umgang mit Ungewissheit und Ungenauigkeit im Marketing kann gelernt werden und stellt keinen sittlichen Mangel dar.

Machen Sie den Ingenieuren und Naturwissenschaftlern von Anfang an klar, dass das Marketing von und in einer Vielfalt unterschiedlicher Zugänge und theoretischer Modelle lebt. Alle haben in gewissen Situationen ihre Berechtigung. Es gibt selten eine klare Zuordnung in die Kategorien richtig oder falsch, häufig jedoch in geeignet oder weniger geeignet.

Nicht zuletzt gilt: Die situationsgerechte Anwendung der Marketinggrundlagen ist zwar notwendig, nicht jedoch hinreichend für den zukünftigen Unternehmenserfolg.

© Fischer/allvisions

Schlüsselfragen für Entscheider
Für Techniker, Ingenieure, Naturwissenschaftler im Dialog mit Marketingleuten:
- Ist mir bewusst, dass die Marketingwissenschaft, zwar viele Erkenntnisse liefern kann, die einen Beitrag zur Lösung von aktuellen Praxisproblemen leisten können, dass häufig jedoch keine eindeutigen Lösungen zu diesen Problemen existieren oder die Lösungsmenge sogar unbekannt ist?

Für Marketingleute im Dialog mit Technikern, Ingenieuren, und Naturwissenschaftlern:
- Ist mir bewusst, dass die exakten Wissenschaften zwar einen enorm hohen Erkenntnisstand über die Gegenstände der unbelebten und belebten Natur enthalten, dass jedoch häufig auf Grund der Komplexität der Fragestellung nur theoretische und keine exakten Voraussagen zur Existenz aktueller technischer Problemlösungen möglich sind?

Ihre Antworten auf diese Fragen sind der Ausgangspunkt für einen fruchtbaren Dialog mit der anderen Seite.

Empfohlene Quellen

Backhaus, K./Voeth, M. (2010): Industriegütermarketing, 9. Auflage. München: Vahlen.

Belz, Ch./Bieger, Th (2006): Customer Value, 2. Auflage. Landsberg a. L.: Redline.

Homburg, Ch. (2000): Quantitative Betriebswirtschaftslehre, 3. überarb. Auflage. Wiesbaden, Gabler.

Kuss, A. (2009): Marketing-Theorie: Eine Einführung. Wiesbaden: Gabler.

Lyotard, J.-F. (1979): La Condition Postmoderne: Rapport sur le Savoir. Paris: Editions de Minuit.

Ulrich, P./Fluri, E. (1992): Management. Bern: Paul Haupt.

Weinhold-Stünzi, H. (2000): Marketing, in Pichler, J. H. et al. (Hrsg.): Management in KMU, Die Führung von Klein- und Mittelunternehmen, 3. Auflage. Bern: Paul Haupt.

Wünsche, M. (2010): Performance Contracting: Effiziente Kooperations- und Leistungsanreize in der Outsourcing-Beziehung. Universität St.Gallen: Dissertation.

14. Qualifikation der Marketingleute für Morgen

© Fischer/allvisions

Marketingleute können positiv beeinflussen, falls sie auch etwas können.

Wenn Marketing mehr beeinflussen will, muss es sich auf die wichtigen Kompetenzen für den Erfolg des Unternehmens stützen. Ein Schlüssel sind die Marketingmanager. Wie sind Marketingleute für die Zukunft qualifiziert? Wie sollen sie sich entwickeln?

Manche erfahrenen Marketingverantwortlichen sind verunsichert. Erfordert das zukünftige Marketing von ihnen völlig neue Fähigkeiten? Wird ihr bestehendes Marketing obsolet?

Viele neue Anforderungen werden übertrieben, denn sie betreffen eher die äussere Hülle als die Substanz des Marketing.

Marketers werden immer jünger.

Die Anforderungsprofile für Verantwortliche im Marketing werden immer länger. Eine Hilfe für Selektion und Entwicklung ist das kaum. Besser ist es, von den Aufgaben und Projekten auszugehen.

Marketingverantwortliche werden immer jünger. In immer weniger Unternehmen sind noch gestandene Führungskräfte anzutreffen, die sich beispielsweise auf internationale Management- und Vertriebserfahrung stützen. Eher handelt es sich um Universitätsabgänger, die souverän mit Konzepten und auch Powerpoint-Präsentationen umgehen. Sind sie die Leute, welche aktuelle und zukünftige Herausforderungen meistern? Steigern sie den Unternehmenserfolg und damit auch den Einfluss des Marketing? Greifen sie gekonnt die Möglichkeiten des Internet und der sozialen Medien auf und führen damit die Anbieter in ein neues Zeitalter der Kommunikation mit Kunden? Fördern sie wirksam die Kaufentscheide?

Pfiffige Kommunikatoren
Einige Hinweise gibt das Szenario 1 zu den pfiffigen Kommunikatoren, wie wir sie einmal nennen.

Neues wird oft mehr gewichtet als Gewachsenes.

Szenario 1: Der pfiffige Multi-Kommunikator
Die jungen Marketer sind offen, rastlos, schnell, mit hoher Auffassungsgabe; sie sind initiativ, experimentier- und risikofreudig sowie auch teuer. Sie sind einfach trendy. Das sind die Leute, die rechtzeitig den Schal im Büro tragen und ihn dann auch wieder absetzen.

Ihre Erfahrung nach der Ausbildung begrenzt sich oft auf zwei bis fünf Jahre in ganz anderen Branchen und Unternehmen. Sie werden eingestellt, weil sie Lösungen von klingenden Unternehmen mit unbestrittenem Marketingimage einbringen sollen.

> Für ungenügende Botschaften gibt es keine besten Medien.

Sie bewegen sich etwas losgelöst vom Geschehen im Unternehmen und gewichten mehr das Neue als das Gewachsene. Sie nutzen die Freiräume, die sie geniessen, weil sie Neuland betreten. Damit ist es ihre Stärke, recht unbekümmert und unvoreingenommen zu sein und sie bringen wichtige Impulse ein. Nur sind sie oft recht stark von Vertrieb, Produktmanagement oder Kundendienst abgekoppelt. Allenfalls beklagen sie sich über die Lehmschicht des Unternehmens, weil ihre Vorschläge nicht genügend rasch aufgegriffen werden.

Im Marketing konzentrieren sich diese Leute auf Marketingservices und Kommunikation. Bedeutend sind elektronische Medien und Kanäle sowie Social Media als Teil. Dem Vertrieb weichen sie eher aus.

Abbildung 14.1: Der pfiffige Kommunikator

Dominieren solche Leute das Marketing von Unternehmen, so sind zwei Formen der Unwirksamkeit auszumachen: Erstens die Hilfsbereiten, die Anschluss suchen, aber nicht finden. Zweitens die Arroganten. Leicht bleiben solche jungen Marketingleute nämlich Universitätsschnösel (siehe die folgende Texttafel). Ihre bessere Variante wäre es, einen Marketingklassiker als Paten zu wählen und an sich selbst zu arbeiten.

Es ist anspruchsvoll, die eigene Leistung für eine Organisation einzusetzen und so mit Anderen zusammen zu arbeiten, dass etwas entsteht und bewirkt wird.

© Fischer/allvisions

Junge Marketers verhalten sich manchmal wie Schnösel nach innen und aussen. Müssen sie aber nicht.

'Ein Intellektueller ist in der Regel jemand, der sich nicht durch seinen Intellekt auszeichnet' (S. 277).
... 'Was ich suche, ist das Gegenteil eines Intellektuellen, nämlich jemand Intelligentes' (Carloz Ruiz Zafon 2008: Das Spiel des Engels, deutsche Ausgabe, Frankfurt a. M.: S. Fischer, S. 278).

Universitätsschnösel

Absolventen von Universitäten treten in Unternehmen ein. In der Unternehmenswelt sind sie trotz einiger Jobs und Praktika noch die Anfänger. Nach dem Studium setzt die anspruchsvolle Lernphase in Unternehmen ein. Wenn Manager einen Hochschulabsolventen einsetzen, so sind sie überzeugt, dass sie die Person und ihr Know-how brauchen. Das ist bereits eine gute Voraussetzung. Gleichzeitig trifft ein Absolvent aber auch auf Mitarbeitende, die skeptisch sind.

Greifen nun die gelernten Erkenntnisse und Methoden in der eigenen Praxisaufgabe eines Absolventen? Wesentlich ist nicht nur die Qualität der Analysen und der Konzepte. Entscheidend ist es, wie ihre Person und Sache akzeptiert werden. Wird der Neue zum Kollegen, dem man gerne hilft? Bewegt sich der Neue geschickt in den Umgangsformen und der Kultur des Unternehmens? Spricht er die Sprache der Mitarbeitenden? Kann er zuhören und spürt er auch implizite Regeln und Vorgehensweisen?

Leider gibt es manche Absolventen, die diesen Einstieg schlecht schaffen. Sie treffen auf Widerstand, ja sie provozieren ihn. Sie werden links liegen gelassen und nicht ernst genommen. Sie verursachen und erleiden mehr persönliche Misserfolge als nötig und brauchen länger, um sich zu recht zu finden. Natürlich sind die Reaktionen im Unternehmen und von aussenstehenden Kontaktpersonen oft verdeckt. Manche Absolventen scheinen auch nicht zu merken, dass sie irgendwie 'anecken'. Es gibt die Kategorie der Universitätsschnösel.

Schnösel wirken überheblich, auch wenn sie manchmal nur unsicher sind. Vielleicht beharren sie darauf, als Doktor angesprochen zu werden und verhindern damit in gewissen Unternehmen schon ihren Zugang; sie versuchen sich abzugrenzen statt zu integrieren.

Als Masterabsolvent oder Doktor haben sie bereits Einiges hinter sich. Ihr Wissen ist auf dem neuesten Stand. Sie verstehen es, moderne Wörter des Managements zu nutzen. Sie präsentieren eloquent. Ihre Vorschläge sind fachlich oft richtig, aber doch nicht glaubwürdig. Sie wirken oft eher akademisch, schülerhaft, besserwisserisch, eifrig oder naseweis. Sie sprechen rasch und viel, ohne lange zu erspüren und zuzuhören. Sie wollen sofort leisten, ohne sich einzulassen. Sie konzentrieren sich eher auf allgemeine und teil-

weise einseitige Managementkompetenz statt auf angepasste und spezifische Kompetenz. Sie interessieren sich für ihr Fach, aber nicht für das Unternehmen mit seinen Leuten, seinen vielen Facetten und weiteren Funktionsbereichen.
Sie diskutieren im Management aber nicht mit dem Arbeiter.
Sie sind eher Einzelgänger als Teamspieler. Sie gewichten die Lösung und nicht den gemeinsamen Weg dazu. Sie sind es noch nicht gewohnt lange mit den gleichen Menschen zusammen zu arbeiten, mit Abhängigkeiten umzugehen und pragmatisch zu realisieren.
Im Vergleich mit den Absolventen der Fachhochschulen und Praktikern mit Marketingweiterbildung beherrschen Universitätsleute auch oft das Handwerk des Marketing weniger intensiv.
Krass wirken sich intern wenig akzeptierte Schnösel aus, wenn sie mit externen Lieferanten zusammen arbeiten, die von ihnen abhängig sind. Ähnlich ist die Wirkung, wenn sie als Unternehmensberater auftreten oder Geldgeber (etwa Banken) gegenüber Unternehmen vertreten.
Kurz: Schnösel haben zu wenig Respekt, zu wenig Stil, zu wenig Bescheidenheit. Sie wollen alles sofort, nachdem sie lange studiert haben.
Übrigens sind hier frische Absolventen beschrieben. Manche Universitätsabsolventen bleiben aber ein Leben lang daneben.

Abbildung 14.2: Universitätsschnösel

Sozialkompetenz

Sozialkompetenz ist ein Schlüssel.

Wohl deshalb unterscheidet Richard Sennet zwischen zwei Arten von Experten: 'Der Experte kann in zwei Formen auftreten: Sozial orientiert oder antisozial. Gut konstruierte Institutionen begünstigen den sozial orientierten Experten. Der isolierte Experte ist dagegen ein Warnsignal und zeigt an, dass in der Organisation (und beim Experten, Anmerkung des Verfassers) etwas nicht stimmt (Sennet 2009, S. 327). Zudem benennt er die aufwändige 10'000 Stundenregel für den Weg zum Experten (S. 328). Hilfreich ist die Analogie zu einem anderen Beruf.

'Dumm nur, dass die Dentistin, der Stadtplaner, der Rektor nicht ihre Kompetenzen zur Arbeit schicken können, sie müssen selber hingehen, müssen mit ihrem Wissen situativ etwas Schlaues anfangen, und wie sie das schaffen, das hängt von ihrer Person ab, von ihren intensiven, wachen, heiteren Sinnen'
(Ludwig Hasler, Des Pudels Fell – neue Verführung zum Denken, Frauenfeld: Huber 2010, S. 9).

Sozial orientierte und asoziale Experten?

Vimla Patel und Guy Groen gingen dieser Frage nach, indem sie die klinischen Fähigkeiten brillanter, aber erst seit kurzer Zeit tätiger Medizinstudenten mit denen von Ärzten mit mehreren Jahren Berufserfahrung verglichen. Der erfahrene Arzt ist, wie zu erwarten, ein besserer Diagnostiker, und zwar unter anderem deshalb, weil er offener für die Eigentümlichkeit des Patienten ist, während der Student sich eher als Formalist erweist, sich an das Lehrbuch hält und recht starr allgemeine Regeln auf besondere Fälle anwendet. Ausserdem denkt der erfahrene Arzt in grösseren Zeiträumen, und zwar nicht nur im Blick auf vergangene Fälle, sondern gerade auch in der Vorausschau, indem er die unbestimmte Zukunft des Patienten zu sehen versucht. Der Neuling, der nicht auf eine grosse Sammlung klinischer Geschichten zurückgreifen kann, vermag sich das zukünftige Schicksal eines Patienten nur schwer vorzustellen. Der erfahrene Arzt konzentriert sich auf das Werden des Patienten; ungeschliffenes Talent dagegen denkt streng in Kategorien unmittelbarer Ursache und Wirkung. 'Andere Menschen als ganzheitliche Wesen in der Zeit zu behandeln ist ein Kennzeichen sozial orientierten Expertentums' (zitiert in Sennet 2009, S. 327). 'Zwischen Experten und Nichtexperten besteht unvermeidlich eine Ungleichheit des Wissens und der Fertigkeiten. Antisoziales Expertentum betont die blosse Tatsache eines neidvollen Vergleichs. Eine offenkundige Folge der Betonung von Ungleichheit liegt in dem Gefühl der Erniedrigung und in den Ressentiments, die solche Experten bei anderen auslösen können. Eine etwas subtilere Folge ist der Umstand, dass auch der Experte selbst sich möglicherweise angegriffen fühlt' (Sennet 2009, S. 331).
Wichtig auch folgender Hinweis: 'Für Ehrlichkeit sorgen am ehesten Standards, die auch für Nichtexperten verständlich sind – und nicht Regeln und Bestimmungen, mit denen nur Eingeweihte etwas anfangen können' (Sennet 2009, S. 331).

Abbildung 14.3: Sozial orientierte Experten

Erfahrene Manager und Oberflächen-Manager

Sollten sich erfahrene Marketingmanager beunruhigen? Entsteht hier ein neues Marketing, bei dem sie nicht mithalten wollen und können? Werden die alten Gesetze des Marketing umgestossen? Übernimmt beispielsweise der Kunde selbst die Marketingaufgabe und der Marketingverantwortliche kann nur noch anstossen, moderieren oder sich geschickt integrieren? Geht es darum, sich kreativ und geschickt zu inszenieren, in einer Welt die sich rasch bewegt? Ist das bereits obsolet, was gestern beklatscht wurde?

Erfahrene Marketingmanager müssen sich weniger sorgen als die Jungen.

Wir denken, dass sich eher Oberflächen-Manager im Marketing sorgen müssen. Junge Teams, die für (Marketing- und Vertriebs-) Innovationen für das Unternehmen zuständig sind, haben manchmal bereits über Jahre kaum ein Projekt beantragt, welches aufgegriffen wurde. Von den verwirklichten Projekten schenkt kaum ein neuer Ansatz ein. Marketingservices und -aktionen werden oft im Unternehmen nicht besonders ernst genommen. Deshalb werden sie auch an junge Leute delegiert. Natürlich auch mit der Hoffnung, dass diese die neuen Instrumente einbringen. Unternehmen delegieren nämlich jene Dinge leicht bis fahrlässig, die sie wenig verstehen.

Vor nicht allzu langer Zeit, meinten Experten, dass sich Menschen zunehmend in der virtuellen Welt des 'second life' bewegen. Unternehmen setzten Teams ein, um die Chancen der Kommerzialisierung abzuklären. Inzwischen ist es dazu ruhig geworden.

Marketingklassiker
Als Gegenpol schildern wir in der Folge den Marketingklassiker.

Szenario 2: Der Marketingklassiker
Der klassische Marketingmanager stützt sich auf verschiedene und oft langjährige Erfahrung in Vertrieb und internationalem Geschäft. Ursprünglich stammen sie oft aus ganz anderen Funktionsbereichen, beispielsweise aus der Technik. Qualifizierte Klassiker zeichnen sich wie folgt aus:

Marketing lässt sich als Baum vorstellen. Er braucht die Wurzeln, den starken Stamm und die tragenden Äste. Die wuchernden Jahrestriebe müssen zu einem grossen Teil wieder heraus geschnitten werden.

- Sie sind Anwalt der Kundennähe und kämpfen dafür, dass die Perspektive des Kunden im Unternehmen verankert wird.
- Sie sind eher Generalist als Spezialist für einzelne Marketingfunktionen und Instrumente. Sie verbinden ihre Aufgabe wirksam mit Unternehmensstrategie und Top-Management.
- Sie sind beharrlich im Weg und beweglich in der Umsetzung. Sie erzielen Konsens und Akzeptanz für neue Lösungen im Marketing.
- Sie sind Integratoren und Moderatoren der Vielfalt im Marketing; verursacht durch Kundengruppen, Leistungen, Länder und Regionen oder Kanäle. Sie suchen zu ver-

binden und beispielsweise die Marke zu stärken, aber ebenso vielfältige Unternehmenseinheiten von Technik bis Vertrieb einzubeziehen und zu motivieren.
- Sie sind vertriebsnahe Business Promotoren.
- Sie unterstützen als Enabler das New Business mit Marketing.

Marketingklassiker konzentrieren sich auf die Substanz der Angebote und entwickeln sie gemeinsam mit anderen Unternehmenseinheiten weiter. In der Kommunikation ist ihnen die Botschaft wichtig. Mögliche Instrumente oder Medien wählen sie später und sie sind sich bewusst, dass es immer verschiedene gute Lösungen dafür gibt. Und: Gute Marketingklassiker sind gute Paten für pfiffige Multi-Kommunikatoren.

Gestützt auf den Unternehmer Jörg Zintzmeyer (Mitbegründer von Zintzmeyer&Lux, heute Interbrand, Zintzmeyer&Lux), identifizierten wir die Erfolgsfaktoren; visionäre Kraft, Gestaltungsanspruch, Nachhaltigkeitsstreben, Perfektionsdrang, Premiumanspruch und Durchsetzungsmacht (Armbrecht/Belz/Häusler 2010, S. 16 ff.).

Natürlich genügt es damit nicht, alt zu sein oder zu werden, um im Marketing erfolgreich zu sein.

Abbildung 14.4: Der Marketingklassiker

Folgerungen

Entscheidend ist es, den eigenen Erfolg zu klären.

Die Autoren beziehen Stellung für den Klassiker. Natürlich gäbe es aber auch hier verschiedene Varianten. Wir denken beispielsweise an die Besserwisser, die einfach wissen, wie alles läuft. Ihre Vorurteile verhindern neue Lösungen systematisch. Wir denken auch an die vorsichtigen Administratoren, die zwar immer guten Willens sind, aber einfach den Draht zum Vertrieb nicht finden.

Telefonieren und mailen Sie nur viel, oder bewegen Sie etwas?

Interessant scheint aber, wie häufig die Überalterung in der Gesellschaft erörtert wird, was Arbeitnehmer und Kunden betrifft – gleichzeitig aber eine naive Euphorie für neue Instrumente um sich greift. Zudem: Relevante Lösungen für die Kommunikation werden rasch und zunehmend professionell durch Dienstleister oder Vermittler bereitgestellt.

Unternehmen brauchen zusammenfassend beide Ansätze: Die Klassiker, die sich auf die Substanz des Geschäftsmodells stützen und die innovativen stürmischen Jungen. Nur: Sie brauchen Klassiker plus Junge. Nicht umgekehrt. Und nur eine Gruppe greift zu kurz.

Gibt es Folgerungen dafür, wie sich Führungskräfte im Marketing wirksam auf die Zukunft vorbereiten? Es gibt nicht nur die Perspektive des Unternehmens. Führungskräfte sollten für sich selbst definieren, was Erfolg ist. Damit laufen sie nicht Gefahr, plötzlich in einem Spiel erfolgreich zu sein, welches sie gar nicht mögen. Erst dann lassen sich die wichtigen Stärken bestimmen, die wirksam entwickelt werden sollen und die Stellen oder Aufgaben wählen und ausfüllen, die den eigenen Zielen und Fähigkeiten entsprechen (siehe auch Belz et al. 2003).

Manche 360°-Methoden werden in Mitarbeiterselektion, Kundenerfassung oder -begleitung vorgeschlagen. Inzwischen werden damit jene Gebiete bezeichnet, bei denen die ganze Sicht unerreichbar ist.

Natürlich spielt Weiterbildung eine Rolle. Wichtig ist ebenso die Entwicklungs- und Projektzusammenarbeit in und ausserhalb des Unternehmens. Die meisten Marketingverantwortlichen sind heute in ihren Betrieben mehr als gefordert und beteiligen sich an vielen Aufgaben und Projekten. Manchmal fühlen sie sich am Anschlag, weil sie nicht überall mitgestalten können. Eine zunehmende Aussenbestimmung bewirkt aber schädlichen Stress. Wir sind überzeugt, dass Verantwortliche den Raum für eigene Ideen und langfristige Veränderungen brauchen. Nötig sind auch Plattformen ausserhalb des eigenen Unternehmens, und die vorschnelle Suche nach rascher Nützlichkeit verhindert ausgezeichnete Werke. Impulse ziehen übrigens Marketing-Führungskräfte nicht vor allem aus Büchern oder Seminaren. Entscheidend sind Gespräche mit interessanten Persönlichkeiten (Belz/Bartel 2002, S. 12). Die Partner und Gespräche gilt es zu gestalten.

Schlüsselfragen für Entscheider
1. Sind Sie ein pfiffiger Multi-Kommunikator oder ein klassischer Marketer? Wie erweitern Sie Ihre Möglichkeiten? Gewichten Sie Marketingsubstanz oder nur -oberfläche in Ihrer Arbeit?
2. Verknüpfen Sie Marketing, Vertrieb und Technik wirksam?
3. Erreichen Sie die Balance zwischen Unternehmens- und Persönlichkeitsentwicklung? Verwirklichen Sie die Balance zwischen Entwicklung im Unternehmen und ausserhalb?
4. Wie gewinnen Sie wertvolle Ideen für neue Marketinglösungen? Wie gewichten Sie die wirksamen Ansätze in der Arbeitsgestaltung?

Empfohlene Quellen

Armbrecht, W./Belz, Ch./Häusler, J. (2010): Menschen prägen Management- und Marketingerfolge. Welche Fähigkeiten sind gefordert?, in: Index, Nr. 1, S. 16–25.

Belz, Ch. et al. (Hrsg.) (2003): Leader in Marketing und Verkauf, Nr. 2. St.Gallen: Thexis.

Belz, Ch./Bartel, N. (2002): Marketingimpulse – Wie gewinnen Führungskräfte ihre Anregungen für innovatives und wirksames Marketing?, in: Thexis: Fachbericht für Marketing No. 1. St.Gallen: Thexis.

Sennett, R. (2009): Handwerk. Berlin: Berliner Taschenbuch Verlag.

Manche Hinweise zum Schnösel verdanken wir dem (ehemaligen) Unternehmer Hans Koestli aus Gesprächen im Januar 2010.

15. Marketing nach innen

Marketinglösungen scheitern mehr intern als im Markt. Marketing ist ein 'People Business'. Wie lassen sich die wichtigen Mitarbeiter und Partner für wichtige Initiativen ins Boot holen?

© Fischer/allvisions

'Solange das Verhalten der Mitarbeiter nicht korrekt ist, wird das ganze Marketing nicht funktionieren.' ...

Der grösste Fehler des Marketing ist, dass es nach aussen gerichtet ist und nicht auf das interne Verhalten der Leute achtet' (Wally Ollins -Interview in: Persönlich, 2002, No. 8, S. 10f.).

Jede Marketinglösung ist so gut, wie der Einsatz der Mitwirkenden. Marketingkonzepte lassen sich auch auf die Mitarbeitenden und Distributionspartner ausrichten. Zielsegmente sind dann beispielsweise Produktmanager, Techniker oder Verkäufer oder Stützpunkthändler. Auch ihnen gegenüber lässt sich der ganze Marketingmix gestalten. Eigene Leute und Partner werden zu Kunden (siehe Belz 1982, S. 363 ff. und Kapitel 16).

Marketing nach aussen entfaltet oft die stärkste Wirkung bei Mitarbeitern und bei den Distributionspartnern. Sie werden durch aktive Public Relations oder Werbekampagnen für das Unternehmen motiviert, weil sie sich unterstützt fühlen. Es ist aber teuer, die Innenwirkung durch Marketing nach aussen zu erzielen. Bestimmt lassen sich Mitarbeiter und Händler oder Vertreter effizienter motivieren, wenn gezielt mit ihnen kommuniziert und zusammen gearbeitet wird. Zudem demotivieren auch manche Kampagnen, weil ihre Aussagen der erlebten Realität der Mitarbeitenden und Partner widersprechen.

Realisierungsprobleme werden durch Menschen verursacht, aber auch gelöst

Welche Erkenntnisse zur erfolgreichen Marketingrealisierung sind wichtig? Zusammenfassende Thesen zeigt Abbildung 15.1 (siehe auch Kapitel 14). Dabei wird ersichtlich: Realisierung überlagert die weiteren Themen dieses Buches. Der Einfluss des Marketing ist langfristig nur damit zu halten oder zu steigern, dass relevante Dinge für das Unternehmen umgesetzt werden.

Die meisten Thesen betreffen die beteiligten Personen. Zwar bezeichnen Topmanager in ihren Interpretationen zum Jahresergebnis ihr Personal als wichtigste Ressource. Es braucht aber viel, diese Erkenntnis zu beherzigen. Insbesondere, wenn laufend neue Entlassungswellen drohen.

Thesen zur Realisierung des Marketing
Zum Engpass Umsetzung
1. Die Umsetzung neuer Lösungen im Marketing ist ein Engpass, wie bei allen neuen Initiativen in Unternehmen. Change-Prozesse sind schmerzlich.
2. Zwar feiern sich die Marketingexperten gegenseitig, ihre Position in Unternehmen ist aber zunehmend kritisch.

Zum Ansatz der Realisierung
3. Marketingrealisierung ist situativ. Wenn alle Mitarbeitenden die Kunden lächelnd willkommen heissen sollen, so unterscheidet sich das von der Einführung eines Kundeninformationssystems. Es gilt, die kritischen Erfolgsvariablen für jede Marketing-Innovation zu bestimmen und zu gestalten.
4. Marketing lässt sich nur Bottom-up und Top-down realisieren. Realisierung ist dynamisch. Bottom-up Marketing gewinnt.
5. Das Management bewegt sich zu stark in der Identifikationswelt des Marketing. Neues Marketing bewegt sich in der Handlungswelt. Nur macht das viel mehr Arbeit.

Zu Konzepten
6. Gute Konzepte schärfen die Diagnose, bewirken Konsens und Verbindlichkeit bei den Beteiligten und motivieren. Sie richten das Unternehmen und das Marketing auf eine attraktive Zukunft aus. Zwischen Konzepten und Realität gilt es, ein dynamisches Wechselspiel zu gestalten.
7. Methoden und Systeme helfen zu 10%; zu 90% geht es um den Inhalt. Inhalt statt Hülse heisst der Slogan. Die Intuition ist für wichtige und komplexe Lösungen entscheidend. Der gesunde Menschenverstand (gestützt auf Bauchgefühl, Facts, und Erfahrungen) ist das Beste, was Führungskräfte erreichen können.
8. Die einseitige Suche nach Messbarkeit verhindert grosse Würfe und entfernt oft von der zentralen Zieldiskussion. Durchbruchsinnovationen sind in der Regel zu Beginn immer unvernünftig.

Zum Innovationsportfolio
9. Wichtig sind einzelne Innovationen, aber besonders auch das Innovationsportfolio. Das Gesamtportfolio an Marketingprojekten soll auf eine gute Zukunft des Unternehmens vorbereiten. Meistens ist das Portfolio zu einseitig oder zu zersplittert. Da helfen nur klare Strategien und Prioritäten. Oft dominieren modische und verzichtbare

---

Inhalt statt Hülse!

Substanz statt nur Scheinsicherheiten!

'Wenn wir uns selbst und unser Verhalten besser verstehen wollen, dann müssen wir uns eingestehen, dass eine Spontanentscheidung genauso gut sein kann wie monatelange rationale Analyse' (Gladwell 2008, S. 23).

'Die Gehirnforschung zeigt, dass rationale Entscheide für komplexe Probleme nicht taugen' (Peter Roth).

'The greatest danger in times of turbulance is not the turbulance. It is the act with yesterday's logics' (Peter Drucker).

> 'Without successful implementation, a strategy is but a fantasy!' (Donald Hambrick)

> 'It is no trick to formulate a strategy. The question is to make it work' (Igor Ansoff).

Marketingprojekte in Unternehmen, da hilft nur eine klare Marketinglogik.

10. Unternehmen bewegen sich zwischen Gas- und Bremsweg, zwischen Erfolgsmaschine und Optimierung sowie Exploration und Aufbau. Die Bereiche gilt es zu kombinieren. Einseitige Optimierungsmaschinen steuern früher oder später in den Misserfolg.
11. Kurzfristigkeit ist keine Gefahr. Denn was heute nicht beginnt, kann morgen auch keine Früchte tragen. Heutige Handlungen sollen aber zukünftige Erfolge nicht schmälern.
12. Es ist leicht jeden Tag neue Dinge anzuschieben, aber anspruchsvoll Neuerungsinitiativen attraktiv zu halten und über Jahre zu fördern.

Zum Potenzial der Mitarbeitenden

13. Die Widerstände in Unternehmen sind grösser als die Widerstände im Markt. Deshalb ist ein Marketing nach innen bedeutend. Deshalb ist die emotionale Realisierung ein Schlüssel.
14. Wichtiger als die Fachpromotion ist die Machtpromotion für Neuerungen. Deshalb ist es bedeutend, wo Neuerungen im Unternehmen organisatorisch und personell 'aufgehängt' werden.
15. Mitarbeiter wägen sorgfältig ab, wo sie sich einsetzen. Der persönliche Erfolg wird im Vergleich zum Unternehmenserfolg unterschätzt. Es braucht Mitarbeitervorteile.
16. Die Liste der Marketingspezialisten ufert aus. Wir brauchen mehr Generalisten und eine Organisation und Führung, die eine Gesamtsicht fördern. Die Zukunft gehört der Kundenorganisation (siehe Kapitel 11).
17. Es gibt Leute, die Lösungen erweitern sowie Krämer; es gibt fliessende Manager oder Festmacher; es gibt Menschen der Schrift oder des Wortes, der Konzepte und der Tat. Es gibt einseitige Umsetzer oder einseitige Konzeptionisten. Es dauert oft zu lange, um Schwätzer zu entlarven. Umsetzungskompetenz ist eine Schlüsselherausforderung.

Zu Tiefgang und Selektion

> 'Im Schweigen erscheinen selbst Narren als Weise' (Carloz Ruiz Zafon (2008): Das Spiel des Engels, deutsche Ausgabe, Frankfurt a. M.: S. Fischer, S. 274).

18. Marketing und Vertrieb begnügen sich oft mit 50%-Lösungen und addieren dann wieder etwas Neues. Lösungen werden nicht fertig gemacht, und sie werden nicht abgelöst. Verbreitet ist die Forderung nach Spitzenleistungen, doch wäre es oft schon gut, wenn Unternehmen einfach ihren Job für Kunden erfüllen.

19. Diskutieren wir mit Spezialisten, so meinen sie trotz harter Arbeit, dass meist nur 40% ihrer Beiträge im Unternehmen genutzt werden. Leben wir in 40%-Organisationen?
20. Bei Servicequalität denkt man oft an die Personen mit Kundenkontakt. Aber die Reserven bei den Führungskräften sind weit grösser.

Abbildung 15.1: Thesen zur Marketingrealisierung

Konsens im Unternehmen

Verständnis, Konsens, Mitarbeitervorteile und Umsetzungskompetenz prägen den erfolgreichen Umgang mit Mitarbeitenden für neue Lösungen. Die Erkenntnis ist einfach, vielleicht banal; dafür wichtig:

'Gehört ist nicht verstanden, verstanden ist nicht einverstanden, einverstanden ist nicht angewendet, angewendet ist nicht beibehalten' (Konrad Lorenz).

1. **Verständnis:** Wer in kleinen Teams gemeinsam die Probleme analysiert und neue Lösungen entwickelt, weiss, wie aufwändig die Kommunikation zwischen den Beteiligten ist. Herausforderungen werden verschieden gewichtet, Begriffe sind missverständlich, Lösungen werden mehrfach verworfen, detailliert abgewogen und ergänzt. Der Prozess ist bereits im Team kritisch. Erstaunlich ist dabei, dass das Team erwartet, dass die Ergebnisse den durch die Lösung Betroffenen einfach kurz mitgeteilt werden können und dann wirken. Die Erklärung neuer Lösungen braucht viel mehr Aufwand als meistens veranschlagt. Kommunizieren Sie sorgfältig, damit die Mitarbeitenden die neuen Lösungen verstehen.

© Fischer/allvisions

'Reduce to the max' (früherer Werbeslogan von Smart).

2. **Konsens:** Auch Konsens wird unterschätzt, von Entwicklungsteams, Führungskräften und erst recht Beratern. Trotzdem ist es entscheidend, ob fähige Mitarbeitende ein Vorhaben unterstützen, besonders wenn es sich um anspruchsvolle Projekte handelt. Wenn ein Mitarbeitender nicht die Vorgaben an seine Vorgesetzten delegiert und einfach tut, was ihm gesagt wird, so ist seine Zustimmung zu neuen Marketinglösungen komplex. Der Mitarbeitende vergleicht mit seinem Wissen, der Erfahrung, dem Erfolg bisheriger Initiativen, um zu beurteilen, ob etwas Neues unterstützt werden soll. Auch schätzt er das Engagement seiner Kollegen und betroffener, weiterer Abteilungen ein. Gewichten Sie den Prozess zur Zustimmung, holen Sie Mitarbeitende dort ab, wo sie stehen. Berücksichtigen Sie mögliche Widerstände und

'Zuerst steht man machtlos 'vis-à-vis'; nämlich vis-à-vis dem enormen Block, den man bewegen möchte. Zuerst braucht es einen Glauben, der in der Regel stärker sein muss als die Stimme des Verstandes, und der vor allem die warnenden Stimmen der Fachleute übertönt. Denn sonst geht es überhaupt nicht, sonst bleibt alles in jahrzehntealten Geleisen' (Gottlieb Duttweiler, in: Brückenbauer, 13.10.1944).

Gegner sehr früh im Prozess und beschränken Sie sich nicht nur auf Verbündete.

Weil es anspruchsvoll ist, den Konsens der Beteiligten zu erzielen, gilt es Prioritäten zu setzen. Das lohnt sich nur für bedeutende Initiativen; weniger ist mehr.

3. **Mitarbeitervorteile:** Es genügt nicht, wenn eine neue Lösung dem Unternehmen hilft. Es braucht nicht nur Unternehmens- und Kunden-, sondern ebenso Mitarbeitervorteile. Der Mitarbeiter verbindet Initiativen mit seiner Situation: Wird ihn ein Engagement persönlich erfolgreicher machen? Definitiv genügt dabei nur 'mehr Arbeit' nicht. Wenn sich allerdings Mitarbeitende mit dem Unternehmen identifizieren und stolz mitwirken, stimmen Unternehmens- und Mitarbeiterziele leichter zusammen. Der wichtigste Ansatz des Marketing nach innen ist es, die relevanten internen Mitarbeitergruppen zu identifizieren und ihnen attraktive Angebote zu machen. Unternehmenskultur und -gemeinschaft ist ein wichtiger Teil. Wer Mitarbeitende wie Kunden behandelt, erhält eine ausgezeichnete Gegenleistung. Nachdem sich Mitarbeitende zunehmend über verschlechterte Arbeitsbedingungen beklagen, kann auch das Thema 'Arbeitsfreude' durchaus ergiebig sein. Mitarbeiterzufriedenheitsforschungen ergeben dazu aber zu wenig.

4. **Umsetzungskompetenz:** 1–3 sollen nicht dazu führen, dass alle Probleme und Lösungen im Marketing zerredet werden und in 'Wie-fühlst-Du-Dich-Treffen' münden. Vorbild, eigene Überzeugung, Führung, Konsequenz usw. der Vorgesetzten reissen Mitarbeitende mit, vermitteln Vertrauen und führen zu Verbindlichkeit. Verbindliche Führungskräfte sind in der heutigen Zeit der rasch wechselnden Ankündigungen und diffusen Visionen ein Lichtblick.

Zentral ist die Umsetzungskompetenz von Führungskräften. 'Ideen und Konzepte gibt es in Unternehmen meist genug. Häufig fehlt es an Fähigkeiten und der Bereitschaft, diese um- und durchzusetzen.' ...'Der Wille, durchzuhalten und der Glaube an die eigenen Gestaltungsmöglichkeiten und der innere Drang, Aussergewöhnliches zu leisten, sowie ein konstruktiver Umgang mit Rückschlägen zeigen sich als zentrale Säule der Umsetzungskompetenz. Die zweite Säule bildet die Fähigkeit, Beziehungsnetze aufzubauen und andere von seinen Ideen zu überzeugen' (Wunderer/Bruch 2000).

'Manager lassen sich in vier Verhaltenstypen zuordnen. Nur 10% von ihnen gehören allerdings zu den zielgerichteten Führungskräften. Das sind jene, die sowohl in hohem Masse fokussiert als auch mit viel Energie gesegnet sind. Sie gebrauchen ihre Zeit sinnvoll, indem sie sorgfältig ihre Ziele auswählen und wohl bedacht handeln, um sie zu erreichen. Im Gegensatz dazu agieren die Manager der anderen Kategorien oft ziellos. Einige zaudern, andere haben keine emotionale Bindung an ihre Arbeit. Wieder andere lassen sich nur zu leicht von den wichtigen Aufgaben ablenken. Obgleich sie sehr geschäftig wirken, mangelt es ihnen entweder an Fokus oder an Energie – beides ist aber notwendig, um bedeutsame Veränderungen bewirken zu können' (Bruch 2002, S. 64 f.).

Viele Fragen sind im Management noch offen, weil Lehrbuch und Realität sich widersprechen, wie Abbildung 15.2 verdeutlicht.

Management nach Lehrbuch
In der klassischen Definition ist Management ein rationales Geschäft: Manager planen, organisieren, ordnen an, koordinieren und kontrollieren; sie sind verantwortlich für Effizienz und Produktivität (S. 4). Unternehmen werden üblicherweise als Teil der materiellen Welt verstanden, als Gemeinschaft der Mittel. Das Handeln des Managers ist demnach instrumental, strebt nach möglichst grosser Effizienz und ist anhand der erzielten Resultate sichtbar und überprüfbar (S. 4).

Realität des Management
Das Verhalten ist charakterisiert von langer Anwesenheit, zerstückelten Episoden und mündlicher Kommunikation. Es ist eher informell denn systematisch, eher reaktiv denn reflektierend, eher chaotisch denn gut organisiert (S. 4). Aus der Arbeit der Manager lässt sich keine wissenschaftlich fundierte rationale Disziplin machen; ihre Tätigkeit ist eher hektisch, sprunghaft, vielfältig und unübersichtlich, besteht weniger aus sachlichen, denn aus zeremoniellen und rituellen Aufgaben (S. 4). Die primäre Aufgabe des Managements besteht in der Sinnvermittlung nach innen und aussen. In der Gestaltung und Lenkung der Interpretationen, Erklärungen und Begründungen mit denen in seiner Unternehmung den Ereignissen der Umwelt und dem eigenen Verhalten ein Sinn abgewonnen wird (S. 5).

Abbildung 15.2: Management in Lehrbuch und Realität (Dyllick 1983; gestützt auf Kotter u. a.)

Ein einseitiger Glaube an Machbarkeit führt nicht zum Ziel. Solche offenen Zusammenhänge erfordern Sensibilität und Demut.

Wir schliessen mit wenigen Schlüsselfragen für das Marketing-Management.

Schlüsselfragen für Entscheider
1. Gewichten Sie das Marketing nach innen für neue Initiativen des Unternehmens?
2. Wie schaffen Sie Mitarbeitervorteile in der Marketingarbeit?
3. Finden Sie den Konsens der Beteiligten für Marketingaufgaben?

Empfohlene Quellen
Belz, Ch. (1982): Marketing: auch nach innen richten, in: Management Zeitschrift IO, 51. Jg., 1982, Nr. 10, S. 363–366.
Bruch, H. (2002): Vorsicht vor übereifrigen Managern, in: Harvard Business Manager 4/2002, S. 64–73.
Bruch, H./Goshal, S. (2006): Entschlossen führen und handeln wie erfolgreiche Manager ihre Willenskraft nutzen und Dinge bewegen. Wiesbaden: Gabler.
Dyllick, T. (1983): Management als Sinnvermittlung, in gdi impuls, Nr. 3, 1983, S. 3–12.
Gladwell, M. (2008): Blink-Die Macht des Moments. München: Piper.
Wunderer, R./Bruch, H. (2000): Umsetzungskompetenz. München: Vahlen.

16. Erfolgreiche Marketingarbeit

© Fischer/allvisions

Managementaufgaben und insbesondere Marketinganstrengungen wirken in einem komplexen Umfeld, das von Ablenkungen und vermeintlichen Zwängen sowie Allgemeinplätzen geprägt ist. Zu wenig werden bestehende Vorgehensweisen hinterfragt oder etablierte Ansätze überprüft. Die folgenden Anregungen entstanden aus Beobachtungen in der Zusammenarbeit mit unseren Partnerunternehmen. Dabei geht es uns nicht darum, effektives Management für das Marketing zu definieren, sondern auf einige 'Regeln' hinzuweisen, die sich als hilfreiche Heuristiken erweisen.

Jegliche Managementarbeit ist von ähnlichen Herausforderungen geprägt. Bereits seit den sechziger Jahren hat Peter Drucker darauf hingewiesen, dass es bei Führungsaufgaben vor allem darum dreht, Wirkung zu erzielen. Damit rückt die Effektivität des Managements in den Mittelpunkt. Heute, wie auch damals, ist es sicherlich eine Vorraussetzung, dass Mittel und Ressourcen zumindest effizient eingesetzt werden. Jedoch kann es im Unternehmen nicht nur darum gehen zu sparen oder zu rationalisieren (Drucker 1993, S. 2 ff.).

Kosten vs. Erträge

Das Gespenst 'Cost of Retail'

In verschiedenen Unternehmen wird man heute Zeuge einer Diskussion, die sich knapp formuliert, mit der Senkung der Vertriebskosten beschäftigt: Im Vergleich zu anderen Posten in der Kostenrechnung der Anbieter stehen die Vertriebs- und Vermarktungskosten massgeblich unter Druck. Sowohl in ihrer Höhe als auch in ihrer (teilweise) fragmentierten Struktur geraten sie in den Fokus der Führungsetagen. Die vielfach formulierte Maxime 'Runter mit den Vertriebskosten' erweist sich dann aber oft als Missverständnis. Nichts wäre einfacher als die sogenannten 'Cost of Retail' auf Null zu senken, wenn man jegliche Marketing- und Vertriebsarbeit einstellte. Dass damit aber einem Unternehmen nicht gedient ist, muss nicht erwähnt werden. Vielmehr muss es gelingen, die wirkungsvollen Massnahmen und Aktivitäten zu identifizieren und zu forcieren.

Prioritäten setzen!
Marketing ist von Vielfalt geprägt. Leicht formulieren Unternehmen in ihren Strategiemeetings und Geschäftsleitungssitzungen Projektlisten mit mehr als zwanzig sinnvollen und strategisch relevanten Initiativen. Doch bereits vor diesen Meetings sind die Verantwortlichen in unterschiedlichen Rollen und verschiedenen Aufgaben neben ihrer eigentlichen Linienfunktion intensiv eingebunden.

Eine Lehre aus der New Economy
Um sich im Markt als Herausforderer von Amazon.com positionieren und profilieren zu können, wurden im Jahr 2010 für einen E-Commerce-Anbieter im deutschsprachigen Raum 10 zentrale strategische Projekte definiert. Die Projektinhalte reichten thematisch von der Entwicklung einer Markenstrategie, über Kundenbindungsprogramme und Vertriebskooperationen bis hin zur Sortimentsstrategie. Der Start-up konnte zu diesem Zeitpunkt auf die Finanzkraft und das Kommittent eines der führenden Medienunternehmen Europas zurückgreifen. Zudem waren an den Projekten verschiedene externe Beratungsunternehmen beteiligt. Ein Jahr nach dem Start der Projekte war keiner der definierten Meilensteine erreicht. Zwar wurden alle Projekte professionell geführt, jedoch verzettelten sich die Verantwortlichen in Abstimmungen und nahmen zusätzliche weitere strategische Initiativen in das Projektportfolio auf. Erst nachdem die Mittel für das Unternehmen massgeblich gekürzt und damit eine Fokussierung auf zentrale Projekte mit dem grössten Hebel erfolgen musste, konzentrierte man sich stärker und setze seine Schwerpunkte deutlicher. Damit gelang es dann auch, die wichtigen Projekte abzuschliessen und die angestrebten Wirkungen im Markt zu realisieren.

Akzente vor Vollständigkeit

Mehr als in anderen Disziplinen erscheint es im Marketing notwendig, rigoros zu priorisieren. Bestimmt ist es in einem ersten Schritt hilfreich, eine Übersicht über die wünschenswerten und möglichen Themen für die Marketingarbeit in einem Unternehmen zu erstellen. Dazu ist dann auch Tiefgang und Expertise wichtig. Nur wenn die einzelnen Gebiete auch verstanden und durchleuchtet sind, kann eine gezielte Auswahl und Gewichtung stattfinden.

In der straffsten Form der Priorisierung wird dann aus der Projektliste nur das auf Nummer eins gesetzte Projekt in Angriff genommen. Wenngleich damit kaum eine Risikoverteilung stattfindet, so hat dieses Vorgehen vor allem zwei Vorteile: Zum ersten wird damit die potenzielle Projektvielfalt massgeblich reduziert. Da bereits bestehende Projekte vielfach weiterbestehen und abgeschlossen werden müssen, kommt 'nur' ein weiteres Projekt hinzu. Zum zweiten lässt sich damit auch die interne Kommunikation bzw. die Zusammenarbeit vereinfachen. Die Anstrengungen konzentrieren sich auf eine Initiative. Natürlich sind auch abgeschwächte Formen der Priorisierung möglich. Nur hat sich in unseren Projekten gezeigt, dass insbesondere die als Nr. 1 gesetzten auch die umgesetzten Projekte sind.

Mass halten und realistische Ziele setzen

Umfassende Ziele sind gefährlich.

Gerade im Zusammenhang mit Fragen der strategischen Positionierung von Marken oder aber auch Angeboten neigen Unternehmen in den letzten Jahren dazu, maximale Lösungen und Ansätze zu wählen. So wird häufig nicht ein kundennaher Vertrieb angestrebt, sondern die Nr. 1 im Kundenbeziehungsmanagement postuliert. Andere wollen ihre Kunden nicht nur zufrieden stellen, sondern für ihr Angebot und ihre Services 'begeistern'. So erstrebenswert diese Ziele auch sind, so überfordert erweisen sich damit vielfach die Unternehmen und ihre Mitarbeiter. Wenn ein Anbieter in der Kundenzufriedenheit bisher eher im Mittelfeld der Branche angesiedelt ist, wird man wohl kaum in der Lage sein, innerhalb von 3-5 Jahren den breiten Spitzenplatz einzunehmen.

Vielfach reduzieren Unternehmen Einzigartigkeit auf Extrempositionen und vernachlässigen dabei, dass es in einigen Märkten unbesetzte Positionen gibt, die einfacher zu erreichen sind. Das Unternehmen Avis ('We try harder') ist hierfür ein Beispiel.

Graubündner Kantonalbank – Gemeinsam wachsen

Im Rahmen der strategischen Markenpositionierung der Graubündner Kantonalbank (GKB) stellte sich die Frage nach der anzustrebenden Positionierung akzentuiert. So war es einerseits möglich, sich als die Nahe Bank für den Kunden (analog anderen Kantonalbanken) zu positionieren. Aufgrund der spezifischen Gegebenheiten im Kanton Graubünden hätte dabei die Chance bestanden, sowohl auf Basis des physischen als auch der psychischen 'Nähe' zum Markt argumentieren zu können. Einfacher (und aus heutiger Sicht) auch erfolgreicher war es hingegen, sich auf die Gemeinsamkeiten zwischen Bank und Kanton zu fokussieren. Die aktuelle Umsetzung der Positionierung 'Gemeinsam wachsen – wir verstehen Sie wie kein anderer in Graubünden' ist einfach, nachvollziehbar und setzt direkt an der kantonalen Verankerung der GKB an.

Realistische Ziele sind besser.

Forschungsergebnisse der Managementlehre legen auch noch eine andere Vermutung nahe. So liess sich bereits in den achtziger Jahren beobachten, dass Führungskräfte für sich und für ihr Unternehmen extrem ehrgeizige Ziele setzten, um eine mangelnde Motivation zu kompensieren. Sie scheiterten dann aber kläglich an den hohen Erwartungen. Aus Sicht der Motivationsforschung gibt es hierfür eine relativ einfache Erklärung: Je motivierter sich eine Führungskraft mit dem Erfolg des Unternehmens und seiner Leistung identifiziert, desto genauer und spezifischer wird er seine Lage einschätzen können. Das bedeutet auch, dass seine Ziele realistischer formuliert sein müssen (siehe hierzu Staehle, S. 212 f.).

Get the numbers right!

Zunehmend fehlt in Unternehmen die kritische Diagnose.

Märkte und ihre Strukturen prägen die Marketingarbeit. Je intensiver die Auseinandersetzung mit den jeweiligen Bedingungen erfolgt, desto situativer kann die Anwendung von Marketingkonzepten erfolgen. Dabei sind Marktgrössen, Kennzahlen zur Kundendichte oder effektiven Marktdurchdringung von zentraler Bedeutung. Leider ist aber auch immer wieder zu beobachten, dass derartige grundsätzliche Überlegungen ausser acht gelassen werden. Beispielsweise werden in Unternehmen immer wieder Ansätze des Key Account Managements diskutiert, ohne sich darüber im klaren zu sein, welche internen Anstrengungen notwendig sind, um eine Kundenbeziehung zu wenigen Schlüsselkunden für beide Seiten attraktiv zu gestalten. Ähnliche Missverständnisse entstehen auch bei eher massen- bzw. segmentorientierten Marketingansätzen, wenn es gilt, angemessene Marketinganstrengungen zu definieren. So lohnen sich Investitionen in virale Marketingstrategien vor allem dann, wenn es darum geht, eine massgebliche Reichweite für ein Angebot oder Unternehmen zu erzielen. Hier ist es notwendig, die gewählten Ansätze nochmals vor dem Hintergrund der eigenen Markt- und Unternehmenseigenschaften kritisch zu hinterfragen.

Realisierung ist gefordert!

> 'Now here is my great idea! You do the Math!'

In der Perspektive der klassischen Strategielehre wird zwischen der Strategieentwicklung und deren Umsetzung klar getrennt. Dahinter verbirgt sich die Annahme, dass es sich um zwei getrennte Problembereiche handelt: Eine Strategie zu entwickeln ist eine andere Herausforderung als sie umzusetzen. So einleuchtend diese Annahme ist, so schwierig ist sie für das Marketing aufrecht zu erhalten. Dafür sprechen mehrere Gründe:

- In dynamischen Märkten kommt einer schnellen Reaktion grosse Bedeutung zu. Nur wer agil auf Veränderungen reagieren kann, hat die Chance Veränderungen für sich zu nutzen. Getrennte Planungsprozesse für Strategieentwicklung und -umsetzung sind dann kaum realistisch.
- Wird die Strategie losgelöst von den Herausforderungen der Umsetzung entwickelt, besteht die Gefahr, zentrale Probleme oder aber auch Chancen im operativen Bereich zu übersehen.
- Wird die Umsetzung bereits in der Strategie berücksichtigt, entstehen realitätsnahe Ansätze, die rascher ihre Wirkung entfalten.
- Der Know-how-Transfer auf dem Weg zur Realsierung gefährdet eine erfolgreiche Umsetzung.

> 'Jede Leistung, die einem Kunden nur teilweise einen Nutzen bietet, ist überflüssig' (Prof. Dr. Heinz Weinhold).

Strategiearbeit ist im Marketing weiterhin von grosser Bedeutung. Nur muss sich ihre Entwicklung heute mehr denn je an deren Umsetzbarkeit orientieren. Daher plädieren wir für ein interaktives Implementierungsverständnis, welches Entwicklung und Umsetzung gleich gewichtet.

Nutzen statt Blindleistung

Unternehmen ergänzen ihre Sachleistungen um zusätzliche Dienstleistungen, erweitern ihr Sortiment, führen Innovationen ein und sorgen damit nicht nur für eine zunehmende Verwirrung der Kunden. Sie selbst sind vielfach nicht mehr in der Lage, zwischen kundenrelevanten und unnötigen Leistungen zu unterscheiden. Dienstleistungskataloge verwirren den Kunden oft mehr als das sie ihm helfen, das richtige Angebot zu wählen (Weinhold 1987, S. 193).

Leistungen müssen konsequent am Nutzen für den Kunden ausgerichtet werden. Erst wenn den Teilleistungen auch ein echter Nutzen beim Kunden gegenübersteht, entsteht ein Mehrwert für den Kunden. Nebenleistungen ohne Nutzen verursachen nur Kosten und erschweren die Kommunikation mit dem Kunden.

Wenn es dem Marketing gelingt, die Nutzendimensionen der Unternehmensleistungen gezielt auf die Bedürfnisse der Kunden auszurichten, steigt die Transparenz, gewinnt der Kunde Vertrauen und kann die eigenen Vorteile besser erkennen. Wird dann zugleich auf Zusatz- und Nebenleistungen verzichtet, sind Ressourcen frei, die für relevante Aktivitäten neu genutzt werden können (auch Kim/Mauborgne 2005).

Inhalt statt Hülse

'Die Werbung hat sich als Gewerbe nicht merklich gebessert – wohl möglich hat sie sich verschlechtert, aber ihre Erzeugnisse sehen jeden Tag besser aus' (Howard L. Gosset, 1967).

Marketingarbeit folgt weit verbreitet immer noch dem Grundsatz 'Gefallen geht vor Verstehen'. So wahr diese Aussage für die Gestaltung von Kommunikationsinhalten ist, so kritisch ist es, wenn die Form und die Gestaltung den Inhalt verdecken. Sicherlich sind bestimmte gestalterische Elemente hilfreich, um besondere Aspekte zu akzentuieren. Wenn dabei aber der eigentliche Content keine Aussage besitzt, wird die Glaubwürdigkeit massgeblich gefährdet.

Aber nicht nur die ästhetische Hülle kann inhaltliche Schwachpunkte kaschieren. So neigen Unternehmen vermehrt dazu, ihre Konzepte und Strategien in der 'Verpackung' eines Business Planes zu kommunizieren. Dabei wird dann vielfach übersehen, dass Geschäftspläne auch vielfach nur eine Verpackung sind. Sie dient dann vor allem dem 'Verkauf' einer Geschäftsidee an potenzielle Finanzierer. Die Beurteilung der Fakten folgt dann eher dem Muster eines Finanzchecks, als dass das wirklich Machbare im Mittelpunkt steht.

Akzente statt Vollständigkeit
Marketingpläne und Konzepte müssen bestimmten Standards genügen. Analysen und Diagnosen bilden die Basis für die Wahl einer Strategie, die wiederum bestimmte Mittel benötigt, um in der Umsetzung ihre kontrollierte Wirkung zu entfalten. Ob es sich dabei um eine Gesamtstrategie oder ein Teilkonzept handelt – die Muster für die Strukturierung ähneln sich weitgehend.

Konzeptraster, Checklisten oder auch Rezepte verleiten Führungskräfte dazu, einzelne Punkte abzuhaken und sich nicht differenziert mit einzelnen Aspekten auseinanderzusetzen. Schwerpunkte werden ungenügend deutlich, kritische Herausforderungen gehen in den Systematiken unter. Dabei ist es doch gerade Aufgabe im Marketing, Chancen oder eben auch Herausforderungen zu benennen, damit dann mit geeigneten Massnahmen reagiert werden kann. Doch nur zu häufig werden Konzepte zu umfassend oder zu verkürzt formuliert. Im einen Fall füllt das Marketingkonzept mehrere Bundesordner, so dass es kaum noch kommunizierbar ist. Im anderen Fall ist die Konzeption auf aktuelle Schlagwörter 'zusammengedampft', ohne dass noch eine kritische Auseinandersetzung mit den zentralen Aussagen möglich ist.

Unsere Empfehlung heisst: Starten Sie beim Problem, stellen Sie die wichtigen Fragen und geben Sie situative Antworten! Orientieren Sie sich an dem Wesentlichen und fokussieren Sie die zentralen Herausforderungen. Zeigen Sie strukturiert Lösungswege auf und bringen Sie innovative Zugänge ein!

© Fischer/allvisions

Schlüsselfragen für Entscheider
1. Gelingt es Ihnen eine Projektliste zu formulieren, die sich fokussiert? Was wäre, wenn Sie nur das Top-Projekt priorisierten? Beeinflusst das Top-Projekt den Geschäftserfolg nachhaltig?
2. Wie gelingt es Ihnen, das Marketing Ihres Unternehmens so weit wie möglich auf die spezifischen Herausforderungen auszurichten?
3. Welches ehrliche Versprechen können Sie Ihren Kunden geben und auch einhalten? Machen Sie es Ihren Kunden einfach, mit Ihnen in Kontakt zu kommen und ein Geschäft abzuschliessen?

4. Können Sie in Ihrem Leistungsportfolio den Nutzenbeitrag und den Mehrwert für den Kunden benennen? Wo sind Blindleistungen, die gestrichen werden können?
5. Welche Anforderungen stellt das Unternehmen an Konzepte und Pläne? Wie lässt sich der Inhalt vor die Form stellen?

Empfohlene Quellen

Belz, Ch./Senn, Ch. (1998): Dynamische Marketingrealisierung. In: Belz, Ch. (Hrsg.): Marketingtransfer. Kompetenz für Marketing-Innovationen, S. 40–57. St.Gallen: Thexis.

Drucker, P. (2002): The Effective Executive.
   New York: Harper

Kim, W. Ch./Mauborgne, R. (2005): Blue Ocean Strategy.
   Boston: Harvard Business School Press.

Staehle, W.-H. (1994): Management – eine verhaltenswissenschaftliche Einführung, 7. Auflage.
   München: Vahlen

Weinhold-Stünzi, H. (1991): Marketing in 20 Lektionen, 21. Auflage. St.Gallen: Fachmed.

Fazit

17. Konzept – Marketing für das Marketing: Mit welchen Grundprinzipien trägt Marketing wirksam zum Erfolg von Unternehmen bei?

17. Konzept – Marketing für das Marketing

© Fischer/allvisions

In der vorliegenden Publikation wurden zahlreiche Hinweise gegeben, wie es möglich ist, den Einfluss des Marketing zu stärken bzw. zurückzugewinnen. Basierend auf dem klassischen Raster eines Marketingkonzepts nach Heinz Weinhold-Stünzi und Christian Belz soll das nachfolgende Konzept als Grobentscheidungsraster dienen. Mit welchen Fragen sollte man sich auseinandersetzen, wenn man 'Marketing für das Marketing' betreiben möchte? Welche alternativen Strategieoptionen sind denkbar? Welche operativen Instrumente sind geeignet, welche Ressourcen und Infrastrukturen erforderlich? Wie lässt sich die Umsetzung einer marktorientierten Unternehmensführung kontinuierlich überprüfen?

1. Vorgaben und Leitlinien der Unternehmensplanung

Manche Vorgaben sind auch implizit.

- Welchen primären Zweck verfolgt das eigene Unternehmen in der Gesellschaft? Welche Stellung nehmen Kunden- und Bedürfnisorientierung dabei ein?
- Welche Vorgaben werden in der Unternehmenspolitik (Leitbild) bezüglich der Markt- und Kundenorientierung definiert?
- Welche Elemente der Unternehmenskultur (Werte, Normen, Traditionen, Leitpersonen) prägen die Markt- und Kundenorientierung des Unternehmens?
- Welche Rahmenbedingungen der Unternehmensverfassung (Gesellschafts- bzw. Rechtsform usw.) sind für die marktorientierte Unternehmensführung relevant?

2. Interne Analyse

- Wie ist die aufbauorganisatorische Stellung des Marketing in der eigenen Organisation? Ist Marketing auf der obersten Unternehmensebene vertreten? Welche Reputation geniesst Marketing unternehmensintern? Welche Vorurteile existieren?
- Welchen Ausbildungs- und Karrierehintergrund hat der derzeitige CEO?
- Hat die Marketingleitung direkten Zugang zum CEO?
- Welche Erwartungen hat das Top-Management an das Marketing? Welche Assoziationen lösen die Begriffe 'Marketing' und 'Marke' im eigenen Unternehmen aus?

Diagnose = Analyse + Interpretation + Folgerung.

- Wie setzt sich das 'Buying Center' zusammen, und welche Personen nehmen welche Rolle wahr?
- Selbsteinschätzung: Wie schätzt Marketing seine eigene Stellung ein? Welche Marketingfehler wurden in den letzten Jahren begangen? Hat das Marketing bisher realistische Ziele gesetzt?
- Welche Kriterien müssen gegeben sein, damit das Marketing selber von einem Erfolg spricht? Werden diese Erfolgskriterien von den Nicht-Marketingfachleuten geteilt?
- Wie sieht die 'Binnenorganisation' des Marketing aus? Wie stark sind (internationale) Zentralisierung und Spezialisierung im Marketing? Wie ist das Verhältnis von Marketing und Verkauf, wie jenes zum Innovationsmanagement und zur Produktion? Wie arbeiten Marketing und Corporate Communications zusammen?
- Alltagsbeobachtungen: Welche Rolle spielt Marketing im 'daily business'?
- Entscheidungsanalyse: Welchen Einfluss hatte das Marketing auf die letzten wichtigen Entscheidungen?
- Welche Marketingfragen (bzw. -investitionen) werden bereits seit langer Zeit nicht beantwortet (getroffen)?
- Wie viele Personen sind in marketingnahen Abteilungen beschäftigt?
- Welchen prozentualen Anteil am Gesamtbudget hat das Marketingbudget? Ist Marketing bei Budgetkürzungen überproportional betroffen?

3. **Externe Analyse**
- Wie sind die unter 1. und 2. genannten Fragen für die wichtigsten Hauptkonkurrenten und Kooperationspartner zu beantworten?
- Welchen direkten und indirekten Einfluss üben Kunden, Absatzmittler und -helfer auf die Position des Marketing im eigenen Unternehmen aus?
- Welche externen Anspruchsgruppen (Finanzanalysten, Branchenverbände, Umweltverbände, staatliche Organisationen) beeinflussen die Stellung des Marketing massgeblich?
- Welche langfristigen Trends lassen sich in der eigenen Branche bezüglich der Stellung des Marketing erkennen?

Diagnose aus 1. und 2.: Wo sind die grössten Stellhebel zur Realisierung einer umfassenden Kunden- und Marktorientierung im Unternehmen?

Aus den vielen Schauplätzen für mehr Einfluss des Marketing gilt es, rigoros zu selektieren.

4. **Grundsatzstrategien zum Gewährleisten des Marketingeinflusses**
   Beispiele:
   - Anknüpfung an Unternehmensstrategie: Wie lassen sich Marketingthemen mit der Strategie des Gesamtunternehmens (z. B. Wandel zum Solution Provider, Steigerung des Dienstleistungsanteils, Customer Relationsship-Management, Qualitätsoffensive, Neuproduktinitiativen, Markenführung) verknüpfen?
   - Erwartungsmanagement: Wie gelingt es, die Erwartungen des Top-Managements an das Marketing zu beeinflussen (z. B. Beeinflussung des Anspruchsniveaus des CEO, realistische Versprechungen des Marketing, Vermeidung des Begriffs 'Marketing' in technikorientierten Unternehmen)?
   - Marketing Investor Relations: Wie lässt sich die Wahrnehmung von Analysten und Shareholdern hinsichtlich der Relevanz des Marketing verändern, um dadurch die Position des Marketing unternehmensintern zu stärken?
   - Multiplikationsstrategie: Wie können aktuelle Marketingerfolge wie z. B. Sponsoringerfolge oder erfolgreiche Produkteinführungen so genutzt werden, dass sie auf das Gesamtmarketing positiv ausstrahlen? Wie lassen sich Misserfolge wie Produktflops oder Erfolge der Konkurrenz nutzen, um in Zukunft eine erhöhte Kundenorientierung der Gesamtorganisation sicherzustellen?
   - Integration von Marketing und Verkauf: Kann es gelingen, durch eine intensive Zusammenarbeit von Marketing und Verkauf mehr Durchschlagkraft zu entwickeln?
   - Innovationsstrategie: Lassen sich neue Technologien und Trends wie Facebook oder Twitter nutzen, um die Aufmerksamkeit des Top-Managements zugunsten einer verstärkten Marktorientierung zu gewinnen?
   - Buying Center-Strategie: Welche Personen im Top-Management können als Fach- und Machtpromotoren eingesetzt werden? Lassen sich externe Personen oder Unternehmen als Promotoren gewinnen? Wie kann der Finanzchef für Marketingaufgaben gewonnen werden?

Marketingerfolge lassen sich intern leichter vermarkten.

5. **Zieldefinition 'Marketing für das Marketing'**
   - Zielgruppendefinition und -priorisierung: Auf welche Personen (z. B. CEO) oder Personengruppen (z. B. Verwaltungsrat, Analysten, Produktionsmanagement) sollte sich das 'Marketing für das Marketing' fokussieren?
   - Aufgabenfestlegung und -priorisierung: Welche Aufgaben des Marketing sollten in den Mittelpunkt der Strategie gestellt werden (Kundenorientierung, Markenführung, Bekanntheitsgrad des Unternehmens für potentielle Investoren, Customer Experience Management, Consumer Insights, Preismanagement)?
   - Qualitative Ziele: Welches sind die wichtigsten bewussten und unbewussten Erwartungen der definierten Personen bezüglich der priorisierten Marketingteilaufgaben? Welches Anspruchsniveau kann erfüllt werden?
   - Quantitative Ziele: Welche messbaren Ziele können mit Hilfe der Strategie verfolgt werden (z. B. Marktorientierungsindex, Anteil der Führungskräfte mit Marketing-/Verkaufserfahrung, Budgetanteil des Marketing)?
   - Interne Positionierung: Wie sollte sich Marketing im Unternehmen positionieren (offensiv oder defensiv, konventionell oder innovativ, spezialisierend oder integrativ, zentral oder dezentral)?

Die Organisation braucht lebendige Zugänge zum Kunden.

6. **Instrumente zur Sicherstellung des Marketingeinflusses**
   Beispiele:
   - Marketingaudit: Projekt zur Analyse der Stärken und Schwächen der eigenen Markt- und Kundenorientierung
   - Marketing Board: Einführung eines Top-Marketinggremiums mit Beteiligung des CEO zur Sicherstellung von Zielorientierung und Integration im Marketing
   - Kundensensibilisierung: Konsequentes Schaffen von Kundenkontakten für alle Geschäftsleitungsmitglieder
   - Initiative 'Mehrwert für den Kunden': Konsequentes Überprüfen aller Unternehmensmassnahmen auf den vom Kunden wahrgenommenen Wert
   - Kunden- oder Händlerbeirat: Gründung eines Kunden- und/oder Händlerbeirates mit wichtigen, konstruktiv-kritischen Mitgliedern zur Reflexion und Diskussion der eigenen marktorientierten Unternehmensstrategie

Belege sind besser als Behauptungen.

- Projektstrategie: Funktionsübergreifende Definition kunden- und konkurrenzrelevanter Projekte
- Marketing Metrics: Aufzeigen von Effektivität und Effizienz von Marketing und Verkauf mit Hilfe von monetären und nichtmonetären Kennzahlen(systemen)
- Simulationsanalysen: Analyse aller Marketingentscheidungen hinsichtlich ihrer Auswirkungen auf den Discounted Cash-Flow bzw. Economic Value Added
- Personalmanagement: Job Rotation und Job Enlargement zwischen den verschiedenen Marketing- und Verkaufsfunktionen sowie mit angrenzenden Funktionen (Innovationsmanagement)
- Business Pläne: Integration von Marketingaspekten und -budgets in die Vorlagen für interne Business Pläne.

7. Infrastrukturen für erfolgreiches Marketing
- Welche zusätzlichen internen und externen Marketinginformationen sind erforderlich, um Marketing erfolgreich positionieren zu können (Marktforschung, Marketingaccounting, Knowledge Management, Informationstechnologie)?

Genutzte Informationssysteme wirken kraftvoll.

- Welche finanziellen und personellen Mittel sind erforderlich, um die gewählte Strategie umzusetzen?
- Wie lassen sich möglichst alle Marketing- und Verkaufsmitarbeiter in die Strategie einbinden?
- Welche Organisationsform (Spezialisierung, Zentralisierung) von Marketing und Verkauf gewährleistet am besten den Einfluss des Marketing?
- Welche Schulungen zur Kunden- und Marktorientierung könnten die Strategie abrunden?

8. Taktische Massnahmen zur Sicherstellung des Marketingeinflusses
   Beispiele:
- Vorbereitung fundierter Argumentationsgrundlagen zur Verhinderung undifferenzierte Budgetkürzungen
- Kommunikationspläne für Marketing(miss)erfolge
- Taktische Massnahmen im relevanten 'Buying Center'

9. Realisierung und Kontrolle des Einflusses des Marketing
   - Ablaufplanung, Arbeitsschritte und Arbeitsteilung
   - laufende Kontrolle, differenzierte Analyse und Interpretation der Zielerreichung (Punkt 5)
   - Benchmarking mit direkten Konkurrenten und 'Lead Marketing'-Unternehmen

Autorenprofile

Personen des Institutsleiterteams	Kernthemen	Weiterbildung und Projekte mit Unternehmen; Institutsführung
 **Prof. Dr. Christian Belz (Geschäftsführer)** Bald 20 Jahre Professor für Marketing an der Universität St. Gallen und Geschäftsführer des Instituts für Marketing, Mitglied in Verwaltungsräten, Gründer und Herausgeber der Marketing Review St. Gallen (vorher Thexis), Moderator/Referent bei Fachtagungen.	Innovatives Marketing und Marketingkritik, Customer Value und Lösungen für Kunden, Dialogmarketing, Persönlicher Verkauf **Aktuelle Themen:** Auf der Suche nach der richtigen Marketinglogik, Inboundmarketing, Mehrwert im Massengeschäft, Small Account Management, Verkaufskomplexität, reales Kundenverhalten – reales Marketing	Kooperation mit Unternehmen zu Dialogmarketing 'revisited' (rund 25 Partnerunternehmen), Intensivseminar für innovatives Marketing und Vertrieb, Kompaktseminar Dialogmarketing **Institut:** Gesamtleitung, Kooperation im Marketing Department HSG, Leiter des Master Marketing Services und Kommunikation sowie des Doktorandenprogramms Marketing
 **Prof. Dr. Sven Reinecke (Direktor)** Seit 1992 am Institut für Marketing, Dozent für Betriebswirtschaftslehre und Leiter des Kompetenzzentrums Marketing Performance Management. Er führt unter anderem das bedeutende Entwicklungsprojekt 'Best Practice in Marketing'.	Aufgabenorientiertes Marketingmanagement, Marketingcontrolling, Kundenbindung, Preismanagement, Marktforschung, marktorientiertes Health Care Management	Kooperationsprogramm 'Best Practice im Marketing' (8 Partnerunternehmen), Intensivseminar Wettbewerbsstrategien, Intensivseminar Aktives Preismanagement, Intensivseminar Marketing- und Verkaufscontrolling **Institut:** Controlling, Marketing Review St. Gallen
 **Dr. Michael Reinhold** Seit 1999 am Institut für Marketing, Leiter des Kompetenzzentrums für Hightech- und Messemarketing, Lehrbeauftragter für Marketing an der HSG und der ETH-Z; 20 Jahre Industrieerfahrung in Managementpositionen.	Hightech Marketing, Nanomarketing – Vermarktung von Nanotechnologien, Marktpotenziale für neue Technologien bestimmen, Aktuelle Themen zum innovativen Messemarketing	Vorträge zum Marketingtransfer in technologieorientierten Unternehmen, Kooperation Vereinigung Messen Schweiz (VMS), Kooperationen Hightech Marketing (2–3 Unternehmen) **Institut:** Informatik und Beziehungen zum KTI
 **Prof. Dr. Marcus Schögel (Direktor)** Seit 1993 am Institut für Marketing, seit 2005 Dozent für Betriebswirtschaftslehre unter besonderer Berücksichtigung des Marketing und Leiter des Kompetenzzentrums Distribution und Kooperation.	Distributionsmanagement, Kooperation im Marketing, Interaktives und Online-Marketing, Innovation Driven Marketing	Kooperation mit BMW, Phonak u.a. zum innovativen Marketing, SMV – St. Galler Intensivstudium für Marketing- und Vertriebsinnovation, Intensivseminar Interaktives Marketing, Seminar für Einkaufsleiter **Institut:** Leiter der Führungskräfteweiterbildung, Koordination zur Executive School HSG
 **Prof. Dr. Christian Schmitz** Seit 2001 am Institut für Marketing, Leiter des Kompetenzzentrums für Business-to-Business Marketing, Assistenzprofessor für Marketing an der HSG.	Internationales Vertriebsmanagement und persönlicher Verkauf, Vertriebsorganisation, Kleinkundenmanagement, B2B-Marketing und Kommunikation	Kooperation mit Heidelberg Druck und Schott zum Thema 'Verkaufskomplexität' **Institut:** Fachdialog und Alumni
 **Prof. Dr. Dirk Zupancic** Seit 1998 am Institut für Marketing, Dozent für Betriebswirtschaftslehre und Leiter des Kompetenzzentrums Business-to-Business-Marketing. Seit 2008 auch Professor an der privaten German Graduate School of Management and Law (GGS) in Heilbronn und dort ab 2009 Geschäftsführer.	Business-to-Business Marketing und Vertrieb, (Internationales) Vertriebs- und Kundenmanagement (insb. KAM), Marktorientierte Unternehmensführung, Marketingimplementierung **Aktuelle Themen:** Sales Driven Company – Vertriebsorientierung in Unternehmen, Value Selling, Sales Excellence, Kommunikationspolitik und Branding im B2B Geschäft, Vertriebsmanagement in schwierigen Zeiten	Forschungsprogramm 'Sales Driven Company' (ca. 10 Partnerunternehmen), Intensivseminar B-to-B-Marketing und Verkauf, Intensivseminar Key Account Management, Diplomlehrgang Verkaufsmanagement, Sales Drive Audio, Forschungskooperation mit Mercuri International **Institut:** Kommunikation

Das Institut für Marketing

Das Zentrale Institutsgebäude an der Dufourstrasse 40a. Foto: © Emil Annen – IfM-HSG

Gründung des Instituts

Das Institut für Marketing – früher Institut für Marketing und Handel – an der Universität St.Gallen wurde im Jahre 1967 von Prof. Dr. Heinz Weinhold-Stünzi gegründet und erweiterte seine Tätigkeitsbereiche im Laufe der Zeit. Es werden aktuelle Fragen im Marketing und Vertrieb aufgegriffen, erforscht und in Unternehmensprojekten erprobt.

Leitungsteam

Das Institut wird von Prof. Dr. Christian Belz (Geschäftsführer), Prof. Dr. Sven Reinecke und Prof. Dr. Marcus Schögel (Direktoren) sowie von Dr. Michael Reinhold, Prof. Dr. Christian Schmitz und Prof. Dr. Dirk Zupancic geleitet.

Aufgaben

Am Institut für Marketing sind rund 30 Mitarbeiter/innen beschäftigt, die in den drei Kompetenzzentren für Business-to-Business-Marketing/Hightech Marketing, Distribution und Kooperation sowie Marketing Performance Management ihre Forschungsarbeit leisten. Es gibt am Institut drei Basisaufgabenbereiche: Universitätslehre, Führungskräfteweiterbildung und Publikationen (Verlag Thexis/Marketing Review St.Gallen). Die Arbeit des Instituts für Marketing verbindet seine Forschungsarbeit mit führenden Unternehmen und Führungskräften.

Seminare des Instituts für Marketing

Institut für Marketing

Universität St.Gallen

Marketing • Verkauf • Kommunikation • Beschaffung

Diplom Vertriebsmanager HSG
Weiterbildungsdiplom HSG in Vertriebsmanagement
«Berufsbegleitendes Studium für ganzheitliches Management»
Beginn: 13. September 2011 (9 Module à 5 Tage)

Prof. Dr. Ch. Belz

Weiterbildungsdiplom «Marketing Executive HSG»
«Gerüstet für aktuelle und zukünftige Herausforderungen im Marketing»
Beginn: Oktober 2011 (8 Module à 5 Tage, das letzte Modul findet im Ausland statt)

Prof. Dr. S. Reinecke

St.Galler Intensivstudium für Marketing- und Vertriebsinnovation
Certificate of Advanced Studies CAS
«Weiterbildung für ein innovatives und professionelles Marketing- und Vetriebsmanagement» Beginn: 3. Mai 2011 (6 Blöcke à 3 Tage)

Prof. Dr. M. Schögel

Seminar für Einkaufsleiter
Certificate of Advanced Studies CAS
«Weiterbildung für ein strategisches und kundenorientiertes Supply Management»
Beginn: 13. September 2011 (6 Blöcke à 3 Tage)

Das gesamte Angebot an Weiterbildungsseminaren des Instituts für Marketing finden Sie auf
www.ifm.unisg.ch/weiterbildung

EFMD EQUIS ACCREDITED

Kontakt: Institut für Marketing an der Universität St.Gallen, Führungskräfteweiterbildung, Doris Maurer, Dufourstrasse 40a, CH-9000 St.Gallen, Telefon +41 (0)71 224 28 55, Fax +41 (0)71 224 71 51, ifm-weiterbildung@unisg.ch

www.ifm.unisg.ch/weiterbildung

Christian Belz, Sven Reinecke, Michael Reinhold,
Christian Schmitz, Marcus Schögel, Dirk Zupancic

Marketing und Vertrieb in einer neuen Welt

Die gegenwärtige Krise und bleibende Herausforderungen sind Motor für die wesentlichen Erneuerungen im Marketing.

Auch Marketing steht in der Krise auf dem Prüfstand. Die Verunsicherung ist gross. Was ist jetzt relevant und funktioniert? Was ist nie mehr, wie es einmal war? Was bleibt? Das sind die Kernfragen des Autorenteams der Universität St.Gallen; fern von einem Lamento über immer neue Bedrohungen.

Krisenmanagement im Marketing bewegt sich im Spannungsfeld zwischen dem sofort wirksamen Anpacken (Kostensenkung und Bremsweg, Fokus, Konzentration auf verkaufswirksames Marketing) und der Vorbereitung für eine bessere Zukunft (strategische Weichen und Marketing-Innovation).

Diese Schrift richtet sich an Professionals im Marketing, die sich selbst in der aktuellen Diskussion des Marketing bewegen. Ziel ist es, den Standort des Marketing in einer schwierigen Zeit zu bestimmen, in welcher viel in Frage gestellt wird und die Unsicherheit verbreitet ist.

Eine gemeinsame Publikation des Instituts für Marketing der Universität St.Gallen und von Swiss Marketing (SMC).

Christian Belz, Sven Reinecke, Michael Reinhold, Christian Schmitz, Marcus Schögel, Dirk Zupancic
Marketing und Vertrieb in einer neuen Welt
St.Gallen: Thexis 2010
200 Seiten, reich bebildert
ISBN 978-3-905819-15-1
CHF 54.–/EUR 37.– (zzgl. Versand)

Bestellung: www.thexis.ch

Die Nr. 1 für Profis

SWISS MARKETING (SMC)

Vernetzen, vermitteln, verbessern: Swiss Marketing, die Community der Schweizer Marketingprofis, ist das etablierte Forum für alle, die im Marketing mitreden und mitgestalten wollen. Der Berufsverband ist ein Wissens-Pool für seine Mitglieder, bietet aber auch viele attraktive berufliche Chancen sowie wirtschaftliche Vorteile.

Marktwissen, berufliche Exzellenz, Bildungspower und Event-Kultur – bei Swiss Marketing bündelt sich nationale und internationale Marketing-Kompetenz in einem Club der Profis, dem über 3700 Mitglieder aus verschiedenen Branchen angehören.

Vorwärtskommen. In der Schweiz...
Swiss Marketing baut auf den hohen Wissens- und Erfahrungsstand seiner Mitglieder, fördert konsequent den aktiven Erfahrungsaustausch und schafft so die Plattform für den beruflichen Aufstieg. Als Organisator der Berufs- und höheren Fachprüfungen in Marketing und Verkauf und als Träger des Rahmenlehrplans 'dipl. Marketingmanager/in HF' bietet Swiss Marketing die besten Voraussetzungen für eine hochqualifizierte Aus- und Weiterbildung. Hier können Sie mitreden und weiterkommen!

... und in ganz Europa
Seit 2009 macht der Verband die Schweizer Marketing-Elite fit für Europa: In Einklang mit den Richtlinien der Europäischen Kommission wurden Europa-Zertifikate entwickelt, die Schweizer Fachleuten 'freie Fahrt' von Palermo bis Hammerfest ermöglichen. Swiss Marketing hat mit Nachdruck dafür gesorgt, dass Schweizer Abschlüsse (Marketing- und Verkaufsfachleute, Marketingmanager HF, Verkaufsleiter, Marketingleiter) auf europäischer Ebene anerkannt werden. Swiss Marketing eröffnet Ihnen mehr Marktchancen!

Top-Events. Auf nationaler Ebene...
Der Schweizerische Marketing-Tag ist die führende Schweizer Event-Plattform für Wissenstransfer, Unternehmensführung und Networking. Er wird jeweils im Frühling von Swiss Marketing im KKL Luzern durchgeführt. Hier begegnen Sie den Opinion Leaders der Branche hautnah, hier können Sie neue Business-Kontakte knüpfen und alte erneuern. Und hier erleben Sie jährlich die Verleihung der Marketing-Trophy, des bedeutendsten Marketingpreises der Schweiz. Mit Swiss Marketing sind Sie in vorderster Reihe dabei!

... und auch regional.
Die regionalen Clubs von Swiss Marketing sind auf sieben Regionen aufgeteilt. Dort finden lokale Events statt, die das Networken auf regionaler Stufe befeuern.
Seit 2010 sorgt das 'Swiss Marketing Panel' für wissenschaftliche Gründlichkeit. Das Tool, lanciert von Swiss Marketing und IfM-HSG, soll jährlich mehrere wissenschaftliche Studien unter Mithilfe der Swiss-Marketing-Mitglieder hervorbringen. Eine langfristige Kooperation, von der Vieles zu erwarten ist. Swiss-Marketing-Mitglieder profitieren dabei vom Know-how ihrer Kolleginnen und Kollegen. Mit Swiss Marketing sind auch Sie gefragt!

www.swissmarketing.ch/www.marketingtag.ch/www.marketingplus.ch